Immer wieder mit sich selber eins werden

Verena Kast

Immer wieder mit sich selber eins werden

Identität und Selbstwert entwickeln in einer komplexen Welt

Patmos Verlag

VERLAGSGRUPPE PATMOS

PATMOS
ESCHBACH
GRÜNEWALD
THORBECKE
SCHWABEN
VER SACRUM

Die Verlagsgruppe
mit Sinn für das Leben

Bibliografische Information der Deutschen Nationalbibliothek
Die Deutsche Nationalbibliothek verzeichnet diese Publikation in der Deutschen Nationalbibliografie; detaillierte bibliografische Daten sind im Internet über http://dnb.d-nb.de abrufbar.

4. Auflage 2026

Verlagsgruppe Patmos in der Schwabenverlag AG, Senefelderstr. 12, 73760 Ostfildern
www.patmos.de

Umschlaggestaltung: Finken & Bumiller, Stuttgart
Gestaltung, Satz und Repro: Schwabenverlag AG, Ostfildern
Druck: GGP Media GmbH, Pößneck
Hergestellt in Deutschland
ISBN 978-3-8436-0973-9

Inhalt

Vorwort

Wir leben in einer Zeit, in der die Identität von vielen als diffus erlebt wird, die Erfahrung von Identität – im Zusammenhang mit der Weltsituation – in Frage gestellt wird, neu wieder bewusster gefunden oder auch erfunden werden muss. Was ist das, Identität heute? Aus dieser Erfahrung heraus habe ich auf der Tagung der *Internationalen Gesellschaft für Tiefenpsychologie* (IGT) 2017 eine Vorlesung zu diesem Thema gehalten. Diese Vorlesung bildet die Grundlage zu dem vorliegenden Buch. Die spontane Art mündlicher Formulierung wurde beibehalten.

Identität ist immer in Arbeit, und da die Frage nach der Identität das ganze menschliche Leben durchzieht, könnte man viele mögliche Aspekte und Perspektiven beschreiben. Identität ist ja kein fest definierter Begriff. Ich habe hier in eher lockerer Folge verschiedene mir wichtige Aspekte der Erfahrung von Identität in der heutigen Zeit bedacht. Es sind keine durchgearbeiteten Theorien, sondern theoretisch fundierte Gedankenanstöße zur Beschäftigung mit den eigenen Problemen mit der Identität und zur Auseinandersetzung mit dem Gefühl für sich selbst, dem Selbstgefühl – bewertet auch als Selbstwertgefühl verstanden –, verbunden mit Eigenwirksamkeit, dem Gefühl, etwas im eigenen Leben bewirken zu können.

I. Die Frage nach mir selbst

Wer bin ich? Wer war ich schon alles? Wer werde ich noch sein? Wer möchte ich gewesen sein? Wer bin ich allein, wer bin ich mit anderen zusammen? Das sind Fragen nach der eigenen Identität, nach unserer Persönlichkeit im Werden und im Rückblick. Die Frage nach meinem eigenen Selbst – im Zusammenspiel mit anderen Menschen – ist eine fundamentale, existenziell bedeutsame Frage: Woher komme ich, wie haben mich meine Wurzeln bestimmt? Wer bin ich jetzt? Wohin gehe ich? Wie verändere ich mich? Und das immer im Zusammenspiel mit anderen, aber auch ganz für mich selbst gedacht. Dabei habe ich eine Identität – auf die ich mich beziehen kann. Diese Identität ist aber immer auch in Arbeit, wird immer wieder anders gesehen, aber auch anders erlebt, verändert sich, indem Neues gelebt, Altes abgelegt wird.

Diese Fragen nach der Identität stellen sich in der gegenwärtigen Zeit ganz besonders. Ich finde, unsere Welt ist quecksilbrig-unbeständig geworden, und das ist eine Herausforderung. Wenn die Welt weniger vorhersagbar wird, als sie es eh schon immer war und ist, dann stellt sich die Frage nach einem Orientierungspunkt, auf den man sich verlassen kann, sich verlassen können muss, und das ist die eigene Identität, ein Gefühl für ein eigenes Selbst im Zusammensein mit anderen, das ist die Erfahrung von Zugehörigkeit zu anderen Menschen. Nun war es wohl zu allen Zeiten eine

Herausforderung, immer wieder neu zu wissen, wer man denn eigentlich ist – heute scheint es mir auf jeden Fall besonders herausfordernd zu sein.

Um mit einigen Schlagwörtern zu operieren: Durch die Ökonomisierung wird das in den Mittelpunkt gestellt, was sich rechnet. Effizienzsteigerung, Maximierung, Optimierung sind Schlagwörter. Rechnet sich die Suche nach der eigenen Identität? Psychologisch auf jeden Fall – aber dies ist nicht zunächst in Geld zu bestimmen, sondern in Wohlbefinden. Im Umkreis der Ökonomisierung ist auch nicht so sehr das Finden der eigenen Identität bedeutsam, also die Frage, wer ich bin, wer ich sein kann und sein möchte, sondern es geht um Optimierung: Wie optimiere ich mich? Selbstoptimierer als Prototyp des modernen Menschen? Menschliche Beziehungen, wenn sie denn noch wichtig sind, könnten dann unter dem Aspekt eines berechenbaren „Nutzens" gesehen werden, natürlich auch die Entwicklung der menschlichen Identität, falls man sich etwas ganzheitlicher doch noch dafür interessiert. Verbunden mit der Ökonomisierung ist die Beschleunigung: Alles soll schnell sein, wenn möglich noch schneller. Vieles kann ja auch schneller gemacht werden – aber die Suche nach der eigenen Identität braucht immer wieder Zeit für Selbstbesinnung, Selbstzweifel, Selbstreflexion, erlebte Veränderung und für neue Entschlossenheit.

Wenn alles mit allem in der Welt zusammenhängt und sich wechselseitig auch beeinflusst – diese Idee ist ja auch faszinierend, weil auch die Psyche und Beziehungssysteme der Menschen psychologisch so funktionieren –, stellt sich natürlich die Frage: Wo ist ein ruhiger Punkt, wo bin ich gegründet, wo bin ich verortet? Wo gehöre ich eigentlich hin, von wo aus spiele ich mit in dieser Dynamik? Da ist wieder die Frage nach mir, nach Heimat, nach Heimaten, nach engerer Zugehörigkeit. Bei der digitalen Revolution, die wohl schon voll im Gange ist, wissen wir noch gar nicht so richtig, was sie mit uns machen wird, wie sie unser Leben verändern wird, wir wissen aber, *dass* sie unser Leben entscheidend verändert. Denken wir nur daran, dass „das Netz" nichts vergisst; das heißt, dass Menschen nicht mehr neu anfangen können. Ein immer wieder möglicher Neuanfang gehört aber zum Verständnis des Menschen von sich selbst. Auch wenn man etwas Unrechtes getan hat, man kann wieder neu anfangen. Man kann sich versöhnen und vergessen, was war. Neu anfangen. Das Netz aber vergisst nichts – so sagt man uns wenigstens heute. Und: Hat man dem Netz genug Daten von sich anvertraut, kann man schon heute das Netz fragen, wer man ist, so wie das Netz sich ja durchaus um Selbstoptimierung kümmert und einem diese auch bestätigt! Und einem ja auch sagt, wofür man sich interessiert. Algorithmen statt Identität? Oder Identität verstanden als die Summe aller Algorithmen? Wollen wir uns so verstehen? Wir müssen zu diesen Entwicklungen eine Haltung finden, und die könnte in der Inschrift „Erkenne dich selbst" am Apollotempel des Orakels von Delphi liegen, einer Aufforderung nach Wahrnehmung von sich selbst, auch im Gefühl, der Selbstreflexion. Und das wäre eine Aufforderung zur immer wieder möglichen und nötigen Bewusstheit von Identität.

Aber die Welt scheint auch darüber hinaus noch etwas aus den Fugen geraten zu sein: Die Wahrheit scheint verhandelbar zu sein, Fake News sind an der Tagesordnung. Eine Verrohung im Umgang miteinander setzt ein, dadurch geht Vertrauen, das als sozialer Kitt grundlegend wichtig ist, verloren, und mir scheint, die Demokratie wird mutwillig aufs Spiel gesetzt und damit auch die Freiheit der Menschen. Der Umgang mit der Not der Geflüchteten fordert weiter heraus; die Fremden und das Fremde werden plötzlich mehrheitlich als Bedrohung des Eigenen gesehen. Ist es möglich, das Eigene schärfer herauszuarbeiten, um aus einer sicheren Identität heraus offener sein zu können zu dem Fremden und den Fremden hin, und somit fähiger zu werden, die Probleme konstruktiver anzugehen? Herausforderungen über Herausforderungen. Und dazu kommt, dass viele haltende Strukturen – wie etwa die selbstverständliche Beheimatung in der Kirche – für viele weggebrochen sind.

Worauf kann man sich verlassen?

Das Projekt der Moderne war das Projekt der Freiheit: Der Mensch sollte sich aus überkommenen Bindungen befreien, indem diese kritisch hinterfragt werden: Soll ich wirklich noch so denken wie meine Vorfahren, oder soll ich in Betracht ziehen, was neu herausgefunden worden ist? Diese Ideen gehen zurück auf Immanuel Kant und seine Forderung, sich seines eigenen Verstandes zu bedienen. Dazu braucht es Freiheit.[1]

Aus diesem Projekt der Freiheit stammt dann der Ausdruck der „eigenverantwortlichen Selbstverwirklichung“. Das sei heute zu einer Überforderung geworden, meint Alain Ehrenberg, ein französischer Philosoph. Denn: Welchen Normen und Regeln soll man sich unterziehen, wenn diese sich ständig ändern? Ehrenberg sieht in der Depression „die Pathologie eines verantwortlichen Individuums, das sich vom Gesetz der Väter und den alten Gehorsams- und Konformitätssystemen befreit hat“[2]. Gerade in der Depression zeigt sich, nach Ehrenberg, dass die Kehrseite der vielen Möglichkeiten der Stillstand ist. In einer Welt, in der grundsätzlich alles möglich zu sein scheint, ist plötzlich nichts mehr möglich.

Die Frage ist, worauf wir uns in dieser Welt verlassen können, verlassen wollen, worauf wir vertrauen, wo für uns „sichere Orte“ sind. Wenn wir auflisten, was uns alles schwierig erscheint in der heutigen Welt, dann verschlägt es einem den Atem, man wird geradezu etwas paranoid. Wir dürfen aber nicht vergessen: Viele von uns leben durchaus recht gut mit all diesen Herausforderungen, haben tragende Beziehungen, haben einen Ort im Leben, von dem aus sie sich mehr oder weniger offen mit all diesen Herausforderungen befassen, sich dennoch des Lebens freuen und sich entwickeln. Vergessen wir das, dann sehen wir uns rasch in der Position eines Opfers, Opfers der Umstände, in denen wir leben. „Opfersein“ ist natürlich auch eine Identität, aber kaum eine, die wir schätzen.

Sich verlassen auf zuverlässige Beziehungen

Eine sichere Identitätsentwicklung, die nicht – oder nur vorübergehend – zum Stillstand kommt, gilt in tiefenpsychologischer Sicht als eine Voraussetzung und Grundlage für zuverlässige Beziehungen. Und Beziehungen, auf die man sich verlassen kann, brauchen wir in einer als unsicher erlebten Welt. Das gilt grundsätzlich für Situationen, die Angst auslösen. Auch bei einer alltäglichen Angst, wenn wir uns hilflos und unangenehm erregt fühlen, suchen wir einen anderen Menschen oder andere Menschen, die in dieser Situation weniger hilflos sind. Schon wenn uns nur einfällt, an wen wir uns wenden können, fühlen wir uns entängstigt, umso mehr, wenn ein anderer Mensch uns zum Sprechen über das Bedrohliche bringt, wenn er mitfühlt und vermittelt, dass es bestimmt einen Weg zur Bewältigung oder zum Aushalten gibt.

Zuverlässige Beziehungen, sich mit anderen Menschen, die ähnlich denken und fühlen, zusammenzuschließen, darauf zu vertrauen, dass daraus Einfälle entstehen können – schöpferische Einfälle, die man eben noch nicht sieht –, das sind wichtige Möglichkeiten in Zeiten, in denen das eigene Leben oder auch das Leben von vielen Menschen unsicher ist oder unsicher zu werden droht. Und das machen wir auch so: Wir sind in verschiedenen Gruppierungen und fühlen uns dann wohl, wenn wir einander vertrauen, wenn wir auch wissen, dass man – in Maßen natürlich – füreinander einstehen würde.

2. Was kann man unter Identität verstehen?

Wenn wir davon sprechen, dass ein Mensch eine hinreichend sichere Identität hat, dann sprechen wir von einer gefestigten Persönlichkeit im Werden. Gefestigt: auch wenn härtere Zeiten kommen, wenn das Leben schwierig ist, man sich davon betreffen lässt, auch einmal aus dem Gleichgewicht gerät, aber auch wieder das Gleichgewicht findet, wieder darauf vertraut, dass man selbstwirksam sein kann, Selbstvertrauen wieder spürt, ein hinreichend gutes Selbstwertgefühl wieder entwickelt – und das alles in Beziehung zu anderen Menschen. Das ist aber geradezu schon der Ausdruck davon, dass dieser Mensch immer wieder die Anforderungen an die Entwicklung zur Identität angenommen hat. Zu dieser Persönlichkeit im Werden gehört – und das ist auch ein Aspekt der Beziehungen – die Frage des Dazugehörens, immer auch wieder in sozialen Kontexten zu sein. Einige davon sind die Basis unserer Identität: Wo komme ich her? Was hat mich von meiner Herkunft her geprägt? Aber auch: Wo verorte ich mich jetzt, was ist mir heute Heimat? Und damit auch immer: Und was verlasse ich? Das Finden der eigenen Persönlichkeit – das Finden unserer Identität und vielleicht auch das Erfinden unserer Identität – ist immer in Arbeit. Körper und Psyche verändern sich, Beziehungen verändern sich, die Welt verändert sich. Das kann sich langsam und kontinuierlich abspielen oder krisenhaft, in Einbrüchen von

Schicksal. Wir wandeln uns, verändern uns – und bleiben dennoch auch dieselben.

Kontinuität und Kohärenz

Identität kann verstanden werden unter der Perspektive der Kontinuität: Wir verändern uns, wir entwickeln uns – Identitätsentwicklung meint auch, immer mehr in Einklang zu kommen mit unseren Möglichkeiten und Grenzen in Beziehung zu anderen Menschen und zur Welt, und wir bleiben dennoch auch dieselben. Alle diese Wandlungen betreffen mich – und wir können unser Leben erzählen, unsere Autobiografie, als Beleg für unsere Identität anhand von wichtigen Erfahrungen, die wir in einer Kontinuität erzählen, so dass der Eindruck entsteht, dass das eine aus dem anderen entstanden ist. Und diese Erfahrung der Kontinuität ist für das Selbsterleben, aber auch für unser Gesehenwerden von außen, von großer Bedeutung. Sich selber zu erleben als ein Individuum, das sich als eine gewordene Einheit erlebt, psychisch als wenig störbar von inneren und äußeren Einflüssen, dabei einmalig – und dennoch ein Mensch wie alle anderen auch. Das heißt aber auch, dass wir Gegensätze in unserer Psyche, Verschiedenheiten, verschiedene Werthaltungen etwa, als uns zugehörig empfinden, manchmal im Sinne einer Synthese, manchmal im Sinne von Divergenzen. Auch das macht uns aus, gibt uns die Überzeugung, in unserer Identität auch kohärent zu sein. So kann jemand Freiheit für einen großen Wert halten und dennoch alles unter Kontrolle halten wollen. Beides ist dann wahr und gehört zu dieser Persönlichkeit. Wir können verschiedene Aspekte unserer Persönlichkeit, die sich eigentlich widersprechen, nebeneinander stehen lassen.

Einmalig: Wir alle haben unser eigenes Schicksal, unseren je besonderen Körper, unsere Herkunft, leben in bestimmten Kontexten – wie alle anderen Menschen auch. Wenn wir vergessen, dass wir auch einzigartig sind, verstehen wir uns als Kollektivwesen Mensch. Vergessen wir umgekehrt, dass wir so sind wie alle anderen, ein vergleichbares Schicksal haben, vergleichbare Wünsche, Sorgen, Träume, dann werden wir hybrid. Aber in meiner Einmaligkeit unterscheide ich mich vom anderen Menschen: Ich bin anders als der andere oder die andere. Und das darf ich auch sein. Die anderen dürfen auch anders sein als ich oder als ich denke: Vielfalt der Identitäten ist angelegt, Vielfalt der Lebensentwürfe ist die Folge davon und macht das Leben reich.

Das Dilemma

Der Brockhaus definiert die Identität als „die Erfahrung eines Individuums, eine einzigartige, psychisch weitgehend stabile und von inneren oder äußeren Veränderungen unabhängige Einheit zu sein. Das Bewusstsein der eigenen Identität beinhaltet also, dass man sich als Individuum erlebt und darin eine andere Person als die anderen, und auch, dass man die Gegensätze und Verschiedenheiten innerhalb der eigenen Person zu einer Synthese bringt."[3]

Der Begriff der Identität wird in den Sozialwissenschaften schon länger auf den Prüfstand gestellt. Soziologen überlegen, ob man in einer posttraditionalen Gesellschaft überhaupt noch von einer Identität sprechen könne, und wenn, wie diese zu benennen wäre. Der Identitätsdiskurs von Heiner Keupp[4] ist in Verbindung mit der soziologischen Gegenwartsdiagnose der Achtziger-Jahre von Ulrich Beck[5] zu sehen: Das Subjekt löst sich von vorgegebenen traditionellen Rollen, von einer vorgegebenen Biografie, wie sie etwa in einer Familie üblich war oder wie sie üblich war für eine Frau oder einen Mann. Die religiösen Systeme geben nur noch wenigen einen Orientierungsrahmen, und deshalb muss der Mensch sich entscheiden, ein Einzelner zu sein, seine Identität selber entwerfen, immer wieder neu. Keupp hat den Begriff der „Patchworkidentität“ eingeführt, ein Begriff, der sich etabliert hat. Die klassischen Patchworkmuster, geometrische Formen, die sich gleichmäßig wiederholen, entsprechen dem klassischen Identitätsbegriff. Der „Crazy Quilt“ besteht aus beliebigen Verknüpfungen von Farben und Formen, im Herstellen eines solchen „Fleckerlteppichs“ (Keupp) kann sich Kreativität ausdrücken.

Identitätsarbeit, Identitätsbildung heute, so Keupp, hat viel mit der Herstellung eines „Crazy Quilt“ zu tun. Es geht also nicht darum, dass Identität an sich verloren ginge, sondern verloren geht jene Form der Identität, die wie der klassische Quilt vorhersehbar und geordnet ist. Nicht ein Verlust der Mitte, so Keupp, ist festzustellen, kein Zerfall der Identität, sondern ein Zugewinn an kreativen Gestaltungsmöglichkeiten. Auch ein solcher „Crazy Quilt“ hat eine innere Kohärenz als Folge eines kreativen Prozesses. Die Vielgestaltigkeit der Rollen, die der heutige Mensch leben muss, das sich Einstellen auf rasche Veränderungen, etwa im Beruf, in den Beziehungen, wird heute nicht als gesundheitsbedrohend, sondern als gesundheitsfördernd eingestuft. Peggy Thoits[6] fand in mehreren Untersuchungen heraus, dass multiple Rollenengagements die Ressourcen einer Person stimulieren und dass dadurch sowohl das Selbstwertgefühl als auch das Gefühl der existenziellen Sicherheit erhöht wird. Die flexible Identität erfordert zwar immer wieder neue Anpassung an neue Lebenssituationen und Anforderungen, ohne Landkarten. Doch gefragt ist auch in ihr nicht der Mensch ohne Mitte und ohne Kohärenz, sondern der Mensch, der an seiner Identität arbeitet und der trotz vielfältiger Rollen, vielfältiger, sich auch widersprechender Ansprüche, trotz eines rasch sich verändernden Beziehungsnetzes immer wieder ein Gefühl der Identität herstellen und diese auch kommunizieren kann.

Ich bin, wie ich gesehen werde, oder: Ich werde gesehen, also bin ich – ein modernes Konzept

Bei dieser Sichtweise auf die Identität geht es nicht um einen Kern, oder wenn, dann ist er nicht wichtig: Es kommt vielmehr darauf an, gesehen zu werden, ansehnlich zu sein. Das ist die Wendung hin zum schönen fitten Körper, der auch gesehen werden muss, der gezeigt werden muss. Vielleicht ein Grund für die vielen Selfies, die man den Mitmenschen schickt? Es ist, als wollte man sich immer wieder der eigenen Existenz versichern, sich aber auch immer wieder in vielen Lebenszusammenhängen zeigen. Dass diese Fotos gebraucht, manipuliert werden können, daran denkt man nicht, oder es ist einem egal: Ein Aspekt der eigenen Identität wird so veräußert, aber dadurch auch zurückgespiegelt: So, wie mich die anderen sehen, bin ich. Und wo bleibt der Kern?

Wie inszeniere ich mich in einem bestimmten sozialen Zusammenhang? Möglicherweise ist das eine Folge der Mediengesellschaft: Zum einen geben uns die Medien sehr viele Modelle, wie man sich darstellen kann, zum anderen nötigen sie uns auch, uns zu inszenieren – und, man kann sich auch sichtbar machen. Man ist dann eine „Marke" – und damit auch im Trend der Ökonomisierung. Am Körper kann man natürlich vieles von unserem Wesen und auch teilweise von unserer Lebensgeschichte sehen, heute ganz besonders, wenn wir uns die Tätowierungen ansehen: Was früher allenfalls im Tagebuch festgehalten worden ist, wichtige Liebeserfahrungen, Menschen, für die man geschwärmt hat, tragen viele heute auf der Haut – lesbar für alle, die es lesen wollen. Wäre dieses „Ich bin, wie ich gesehen werde" – mit dem Anspruch auf Ansehnlichkeit – wirklich das Hauptthema der gegenwärtigen Identitätsbestimmung, dann hätte man es schwer mit dem Älterwerden, da müsste man jung und schön bleiben oder Schönheit so definieren, dass es auch eine Altersschönheit gibt. Aber so ausschließlich gesehen, fehlt dieser Sicht auf die Identität das Innenleben, die Innerlichkeit, die Authentizität. Man wäre ganz und gar dem Zeitgeist mit seiner jeweiligen Definition von „ansehnlich" ausgeliefert.

In Inszenierungen von Künstlerinnen und Künstlern wird dieses Thema kritisch aufgegriffen und spielerisch demaskiert, so etwa von Cindy Sherman. Mit ihren Inszenierungen verfolgt sie die Absicht der künstlerischen „Demaskierung der gesellschaftlichen Maskenbildnerei von Identitätszwangsjacken für die sogenannte ‚Frau'."[7] Gesellschaftliche Maskenbildnerei als Rollenzwang und damit auch Personazwang wird durch diese Künstlerin in Frage gestellt, und gleichzeitig wird in neuen Inszenierungen demonstriert, dass man sich diesem Zwang nicht unterwerfen muss.

Und dennoch: ein Kern

Wir Menschen haben in der Regel ein Gefühl für so etwas wie den „Kern" unserer Persönlichkeit – erlebbar in unserer Gefühlswelt und in unserer Erfahrung der Abgrenzung zu anderen: Ich und der andere, ich und die andere.

Vergegenwärtigen wir uns unser Leben, dann erscheint es uns nicht beliebig, nicht bloß abhängig davon, wie andere uns gerade sehen, sondern wir erleben verschiedene Aspekte unserer Biografie in einem Zusammenhang: Diese Erfahrungen kennzeichnen mich als Person, geben mir auch das Gefühl, eine mit sich selbst – trotz aller Veränderungen – identische Person zu sein. Und sogar dann, wenn wir für unseren Geschmack unpassende Erfahrungen in der Biografie haben, Erfahrungen, die wir lieber streichen würden, verstehen wir es meistens, diese doch noch in die Kontinuität der Biografie einzupassen. Auch Brüche in der Biografie, wie etwa ein Karriereknick, werden als zur eigenen Biografie zugehörig erlebt und als identitätsrelevante Erzählungen eingepasst, und nicht selten hat man den Eindruck, dass durch das Erzählen diese Brüche auch immer mehr verarbeitet werden und sich immer besser einpassen lassen. Natürlich kann man über die Brüche auch schweigen. Aber auch die verschwiegenen Brüche sind nur verschwiegen für die Autobiografie, die man erzählt, aber nicht für die, die als die eigene erlebt wird.

In der autobiografischen Erzählung spüren wir unser innerstes Wesen, sie ist so etwas wie eine „Kerngeschichte" über uns. Und dieser Kern beginnt bei den Wurzeln, der Herkunft. Diese ersten Wurzeln sind nicht beliebig, sie sind Fakten, die hinzunehmen sind: Wir sind in eine Familie hineingeboren, die an einem bestimmten Ort gelebt hat. Das kann eine althergebrachte Verwurzelung sein – da haben schon Großeltern am selben Ort gewohnt –, es kann aber auch eine dynamischere Verwurzelung sein: immer wieder entwurzelt worden zu sein und sich wieder neu verwurzelt zu haben. Manche Menschen haben eine Heimat, die meisten aber haben viele Heimaten, wobei dann eine von ihnen am ehesten als „die" Heimat erlebt wird. Ich werde darauf zurückkommen. Zum Kern gehört auch das, von dem ich denke, dass ich es „geerbt" habe, etwa ein Temperament, die emotionale Ausstattung, Körpermerkmale oder Fantasien über die Genetik.

Wer sind Sie?

Wenn Sie sich jemandem vorstellen, jemandem mitteilen, wer Sie sind, können Sie das auf ganz unterschiedliche Weise tun. Sie können die Daten mitteilen, die in Ihrem Pass stehen – oder auf Ihrem Personalausweis. Sie können sagen, woher Sie stammen, wo Sie jetzt wohnen, möglicherweise verbunden mit Ihrer kulturellen Identität. Sie können sich mit Ihrer beruflichen Tätigkeit vorstellen, mit Ihrem Familienstand, Ihrer sozialen Stellung, aber auch über Ihre Interessen – vielleicht erzählen Sie auch Ihren Lebenslauf in Kurzfassung. Mitgedacht bei diesen vielen möglichen Äußerungen zur Identität – und manchmal auch mitgenannt – sind Mitmenschen. Wir sind nicht einfach Individuen, wir stehen immer auch in Beziehungen zur Welt als solcher, zur Natur und dann natürlich zu den Beziehungspersonen.

Wenn wir danach gefragt werden, wer wir sind, dann wird nach unserem besonderen (eigenen) Leben gefragt, nach dem, von dem ich denke, dass es ein wichtiger Aspekt der Biografie ist. Damit erleben wir aber auch, dass wir auch anders sind als die anderen. Das wird besonders deutlich in einer Gruppe, in der alle einer anderen Berufsgruppe angehören, einer anderen Nationalität, dem anderen Geschlecht. Das sind Identitätserfahrungen, in denen wir mit uns selbst konfrontiert werden. Das gilt natürlich auch dort, wo man eigentlich gleich, aber eben doch auch anders ist, in der Familie.

Eine Frau im mittleren Alter erzählt: „Ich war vielleicht etwa achtzehn – und ich bin auf einem Motorrad gefahren. Das tat man nicht in meiner Familie. Ich fühlte mich ganz frei, ganz bei mir – und anders als alle anderen.“

Identität und Veränderung

Wir können so etwas wie einen Kern unserer Identität erleben und gleichzeitig auch Veränderungen an unserer Identität feststellen. Die Veränderung ist eine Folge davon, dass wir in der Zeit leben und dass wir uns entwickeln, bis wir sterben. Sprechen wir von Identität, dann sprechen wir oft vom Beständigen in der Veränderung oder von Veränderungen, die auch einen Bezug zum Beständigen haben. Das ist auch ausgedrückt in einem bekannten Gedicht von Hilde Domin:

> *Ziehende Landschaft*
> Man muß weggehen können
> und doch sein wie ein Baum:
> als bliebe die Wurzel im Boden,
> als zöge die Landschaft und wir ständen fest.
> Man muß den Atem anhalten,
> bis der Wind nachläßt
> und die fremde Luft um uns zu kreisen beginnt,
> bis das Spiel von Licht und Schatten,
> von Grün und Blau,
> die alten Muster zeigt
> und wir zuhause sind,
> wo es auch sei,
> und niedersitzen können und uns anlehnen,
> als sei es an das Grab
> unserer Mutter.[8]

Im Ziehen der Landschaft zieht das Leben vor dem inneren Auge vorbei. Man muss weggehen können, man muss sich verändern können und dennoch auch so sein wie ein Baum, als bliebe die Wurzel im Boden, als zöge die Landschaft vorbei und wir stünden fest. Also die Frage: Stehen wir eigentlich fest oder sind wir in Bewegung und haben aber doch das Gefühl, am gleichen Ort zu sein? Innehalten: „den Atem anhalten, bis der Wind nachläßt", „die fremde Luft um uns zu kreisen beginnt" – das Fremde. Das, was sich verändert, das kommt zu uns als Fremdes, als Fremdes in unserer Psyche oder auch als die Begegnung mit fremden Menschen, bis „die fremde Luft um uns zu kreisen beginnt" und dann „bis das Spiel von Licht und Schatten, von Grün und Blau, die alten Muster zeigt". Bis das Unvertraute uns wieder vertraut wird. Wenn wir uns das Fremde wieder vertraut gemacht haben, dann sind wir wieder bei uns zu Hause.

Das sind stimmige Bilder zum Thema Identität und Veränderung und dafür, wie eine solche Veränderung vor sich gehen kann, so dass wir uns immer wieder auch auf das Beständige verlassen können, dass wir wieder bei uns zu Hause sein können.

3. Spurensuche Identität: Was wurde unter Identität schon alles verstanden?

Jede Zeit hat ihre eigene Auffassung und ihr besonderes Verständnis von Identität.[9] Um 1640 ist zum ersten Mal *Das große Welttheater* von Calderon aufgeführt worden. Und dieses *Welttheater* sagt uns etwas über das damalige Verständnis der Identität und wie man diese Identität so zu leben hat, dass das Leben dann ein „gottgefälliges" wird.

Identität war natürlich schon immer ein Thema in der Geistesgeschichte; man könnte auch die Identität bei den Griechen und Römern studieren. Identität – die Frage nach mir selbst als Mensch und damit letztlich auch nach dem Wesen des Menschen, aber auch den Aufgaben, die man als Mensch hat, hat uns schon immer beschäftigt – und wird dies wohl auch immer tun. Calderon hat in seinem *Welttheater* eine Identität beschrieben, die sogenannte substanzielle Identität, die auch in unserem modernen Denken durchaus noch eine gewisse Nachwirkung hat. Nach Calderon stiftet Gott Identität. Er hat jedem eine Rolle zugeteilt, verstanden als Geschenk. Da ist der eine der Bauer, der andere ist der König. Wieder ein anderer ist ein Reicher. Und wenn man dann stirbt – „abberufen wird" heißt es da jeweils –, dann ist die Frage: Hat man die Rolle erfüllt? Und wenn man dies hat, etwa, wenn der

Bauer wirklich ein Bauer war, dann kommt man ins Paradies. Alle kommen ins Paradies, wenn sie die Rolle erfüllt haben, außer dem Reichen und dem Kind. Der Reiche schafft es in Calderons Sicht nicht. Reichtum wurde aber nicht immer als Makel erlebt. Im Alten Testament ist der Reichtum ein Zeichen des Segens dafür, dass man Gott gehorsam war.[10] Aber bei Calderon ist das nicht so: Die Reichen kommen nicht in den Himmel. Ein Denken, das Neid reduzieren soll?

Dass auch das Kind nicht in den Himmel kommt, weil es keine Zeit hatte, um eine Identität zu entwickeln und den vorgesehenen Lebensplan zu verwirklichen, mutet eigentümlich an. Bei Calderon dämmern die Kinder und auch die Reichen an einem freudlosen Aufenthaltsort vor sich hin, wo sich auch die ungetauften Seelen befinden.

Strafe oder Lohn hingen also davon ab, ob man die Identität, die einem zugesprochen wurde, auch ausgefüllt hat. Nachwehen dieses Denkens wirken bis in unsere Zeit hinein: Manche Eltern haben sehr klare Vorstellungen und Erwartungen, in welchem Beruf sie ihre Kinder sehen möchten. Allerdings erfolgt heute dann oft ein Schrei der Empörung von Seiten der Jugendlichen im Dienste der Identität. Und auch dann, wenn sie einen Beruf gewählt haben, der sie ausfüllt, werden von den Eltern gelegentlich Bemerkungen gemacht, dass es doch besser gewesen wäre, hätte man den von ihnen „ausgesuchten" Beruf gewählt – sicher keine Strafe mehr oder ein Lohn im himmlischen Sinn, aber Gefallen und Missfallen in der irdischen Familie. Der Identitätsschrei „Nein, ich mache aus meinem Leben, was ich will, dazu habe ich ein Recht!" verdankt sich noch der zugedachten beruflichen Identität, dem Erfüllen einer Rolle – und vielleicht auch weit über die berufliche Identität hinaus. Es ist aber nicht allein das Thema der zugedachten Identität, es ist auch die Idee, dass der Beruf vor allem die Identität bestimmen kann, dass man eine beschreibbare Einheit ist, die sich wenig verwandelt.

Das Gegenprogramm zur Einlinigkeit der Identität: Hermann Hesse (1877–1962)

„In Wirklichkeit aber ist kein Ich, auch nicht das naivste, eine Einheit, sondern eine höchst vielfältige Welt, ein kleiner Sternhimmel, ein Chaos von Formen, von Stufen und Zuständen, von Erbschaften und Möglichkeiten. Dass jeder Einzelne dieses Chaos als eine Einheit anzusehen bestrebt ist und von seinem Ich redet, als sei dies eine einfache, festgeformte, klar umrissene Erscheinung: diese jedem Menschen (auch dem höchsten) geläufige Täuschung scheint eine Notwendigkeit zu sein, eine Forderung des Lebens wie Atemholen und Essen."[11]

Ein schönes Bild für die Identität: das Ich nicht als Einheit, sondern als „ein kleiner Sternhimmel, ein Chaos von Formen und Zuständen, von Erbschaften und Möglichkeiten". Ein kleines Wunder also, verschiedene Identitätszustände gleichzeitig – das, was man mitgebracht hat – und die doch, wie ein Sternhimmel, zusammengehören, vielleicht sogar eine Einheit bilden – geöffnet zu vielen Möglichkeiten hin. Identität als Kohärenz gesehen.

Jean-Jacques Rousseau (1712–1778)

Etwas mehr als hundert Jahre, nachdem das *Welttheater* erstmals aufgeführt wurde, wehrt sich Jean-Jacques Rousseau gegen die Idee der substantiellen Identität. Da der Geist des Jahrhunderts unruhig sei – 1762 geschrieben –, könne man den Kindern nicht vorschreiben, welche Rollen sie annehmen müssten. Denn das, was heute gesagt würde, sei vielleicht in zwanzig Jahren für sie überhaupt nicht mehr wichtig. 1762! Es geht Rousseau nicht darum, eine Rolle zu erfüllen, sondern darum, sich zu fragen, worin man sich gleich bleibt über alle Veränderungen hinweg. Das moderne Individuum ist frei – dafür steht Rousseau. Mit sich identisch bleibt dieses Individuum, indem es sich zu den wechselnden Umständen, den Veränderungen, den Festlegungen zu verhalten weiß, also zwar der Mensch ist, dem man immer wieder Identitätsmerkmale zuschreibt, zu denen man sich aber als freier Mensch verhalten kann. Man kann eine Meinung dazu haben. Man kann prüfen, ob die Zuschreibungen mit den eigenen Erfahrungen übereinstimmen.[12]

Hier geht es also um eine ganz andere Form von Identitätsfindung, um eine freiheitliche Identitätsfindung, eine Identität, die man immer wieder neu entwirft, die man natürlich auch erinnert, aber auch eine Identität, die man den anderen Menschen gegenüber zu leben und zu verantworten hat. Diese Form der Identitätsfindung ist nah beim französischen Existenzialismus.

Der französische Existenzialismus und die Frage nach der Identität

Der französische Existenzialismus, in den Dreißigerjahren, zu Beginn des Zweiten Weltkrieges entstanden, ist verbunden mit den Namen Sartre, Camus, Simone de Beauvoir. Viele wichtige Werke von ihnen sind nach dem Zweiten Weltkrieg herausgekommen. Der französische Existenzialismus gründet auf Rousseau und Heidegger, vor allem auf Rousseau mit seiner Phänomenologie: Rousseau postulierte, man solle nicht immer sagen, was man über die Dinge denke, sondern benennen, was man sehe. Auch das hat einen Zusammenhang mit Identität. Wir schreiben ja oft den Menschen etwas zu, was eigentlich zu unserer eigenen Psyche gehört, was wir dann aber auf den anderen oder die andere projizieren. Für Rousseau gälte: Was ich nicht wirklich an einer Beobachtung festmachen kann, das muss ich im Grunde genommen opfern. Genau hinsehen – bei Texten, bei Situationen, bei Menschen. Rousseau hat viel zu wenig Anerkennung bekommen für seine zum Teil doch sehr nachhaltigen Ideen.

Die Existenzialisten berufen sich auch auf Heidegger, vor allem auf die zentrale Aussage von ihm, der Mensch sei ins Dasein geworfen. Und Sartre sagt: Ja, der Mensch ist geworfen, er muss sein Wesen definieren, und zwar immer wieder neu. Die Identität muss sich also immer wieder neu definieren. Und das schafft der Mensch durch sein Handeln. Das ist ein wichtiger Punkt. Unsere Identität hat sehr viel zu tun mit dem, was wir tun oder nicht tun.

Der französische Existenzialismus ist sehr geprägt vom Krieg und damit auch geprägt von der Frage: Welche Welt wollen wir durch unser Tun schaffen, wofür wollen wir uns engagieren im Leben? Das Wort „s'engager" ist ein ganz wichtiger Begriff: sich engagieren, sich einbringen, handeln, etwas tun, nicht einfach alles wie ein Opfer ertragen. Und da fallen dann so Sätze wie: Ich bin meine eigene Freiheit. Da sind wir wieder ganz nah bei Rousseau, der auch für die Freiheit plädiert. Und Sartre kann dazu Sätze sagen wie: Wähle und trage die Konsequenzen! Man ist immer an einem bestimmten Punkt im Leben, und von diesem aus wählt man, was man tut, was man gestaltet. Indem man wählt und auch entsprechend handelt, wählt man auch, wer man sein will – und das mit Blick auf das Ganze: Die Entscheidungen sollen so gefällt werden, als gälten sie für die ganze Menschheit, aber man selber als Individuum trägt die Verantwortung.

Hier wird das Projekt der Moderne sichtbar, diese freiheitliche Verantwortung für das eigene Leben. Und man kann sich engagieren. Das heißt: Ich bin kein Opfer. Und kein Opfer zu sein heißt auch: Ich sehe die Welt nicht als böse. Ich sehe die Welt nicht als etwas, das mich bedroht und wegen dem ich mich dann einrüsten muss, also sozusagen verkrusten muss oder so schützen muss, dass ich überhaupt kein lebendiger Mensch mehr bin. Man ist authentisch und frei und muss den Weg und damit auch die eigene Identität immer wieder neu erfinden. Und das kann der Mensch auch. Das ist eine hoffnungsvolle Philosophie. Es ist erstaunlich, dass nach dem Zweiten Weltkrieg nicht das Trauma des Krieges im Vordergrund stand, zumindest nicht bei vielen von denen, die vom französischen Existenzialismus angesteckt worden sind – als einer Zeitströmung, die Neues wollte, anderes, mit ihren Fragen: Wie kann denn die Freiheit konstruktiv ausgeübt werden? In welcher Welt wollen wir leben? Wie wollen wir uns dafür engagieren? Und dies auch angesichts der Atombombe 1945, gerade angesichts dieser Selbstvernichtung: Wenn Selbstvernichtung, Zerstörung im Raum steht, dann stellt sich auch die Frage danach, wie wir leben wollen – und die Entschlossenheit, *dass* wir leben wollen.

Der französische Existenzialismus war eine große philosophische Bewegung, die viele Menschen beeinflussen konnte. Menschliches Dasein wurde verstanden als transzendent: Transzendenz jetzt nicht mit religiöser Bedeutung, sondern in dem Sinne, dass man immer wieder über sich selbst hinaus sein kann und muss. Und das ist ein wesentlicher Aspekt der Identität: In unserer Entwicklung der Identität greifen wir immer wieder nach etwas aus, das im Moment über uns hinausgeht, und das äußert sich im Handeln. Dieses Transzendieren ist aber immer auch eine Verbindung mit der Innenwelt. Die Verbindung mit dem Inneren war den französischen Existenzialisten allerdings nicht wichtig. Sie konnten sich offensichtlich nicht vorstellen, dass jemand auf Grund von psychischen Eigentümlichkeiten nicht handeln kann. Von der Tiefenpsychologie her müsste man einwenden: Es ist schön, dass wir daran erinnert werden, dass wir viel Freiheit haben, dass wir handelnd unser Leben gestalten können, aber es gibt

Menschen, die können dies nicht, oder es gibt Zeiten im Leben, da können wir es nicht. Man kann nicht immer wollen. Diesem „Was du willst, das kannst du" des französischen Existenzialismus setzt die Tiefenpsychologie die Erfahrung dagegen, dass wir Probleme haben können, Komplexe, an denen wir arbeiten müssen, damit wir wieder freier werden können. Aber die Ermutigung zur Freiheit und zum Gestalten bleibt wichtig.

Und natürlich ist dieses Handeln im Rahmen der menschlichen Gegebenheiten zu sehen, denn die Existenzialisten sind ja nicht naiv gewesen, natürlich gab es auch für sie ein Schicksal. Das Schicksal hat man erst in den Siebziger-, Achtzigerjahren außer Kraft gesetzt, verbunden mit der Idee, dass alles für den Menschen machbar ist. Doch es gibt ja einfach gewisse Dinge, die einem geschickt sind und mit denen man sich auseinandersetzen muss, zu denen man sich verhalten kann und muss.

Wichtig im Zusammenhang mit Identität sind auch die Schriften von Simone de Beauvoir, besonders „Das andere Geschlecht"[13] – ein epochemachendes Buch über die damalige Stellung der Frau, mit der zentralen Kritik: Frauen nehmen keine Position im Raum ein, man stellt sie einfach irgendwo hin. Und auch hier der Aufruf, sich für die eigene Existenz einzusetzen und sie auch zu verantworten. Es entbehrt nicht einer gewissen Ironie, dass die sehr sorgfältigen Bücher von Simone de Beauvoir wesentlich weniger berühmt wurden als die von Jean-Paul Sartre.

Dieser kursorische Streifzug in die abendländische Geschichte der Identität beginnt mit der substanziellen

Identität, die auch eine Rollenidentität ist, dazu erfolgt eine Gegenbewegung von Rousseau, der bereits für die Freiheit von der Rollenidentität plädiert. Der französische Existenzialismus ist eng verbunden mit der Frage: Für welche Zukunft wollen wir uns engagieren? Welche Zukunft wollen wir haben? Nicht einfach: Was ist uns noch möglich? Sondern freiheitlicher, selbstwirksamer: Wie wollen wir die Zukunft gestalten, wer wollen wir sein?

So zukunftsfreudig sind wir aktuell nicht mehr. Luciano Floridi, ein englischer Philosoph, der sich mit der Philosophie der Information und Informationsethik auseinandersetzt,[14] fragt sich, wie die Infosphäre unser Leben beeinflusst und überlegt: Verändern wir das Internet oder verändert das Internet uns? Und das ist die Frage nach dem Willen zur Gestaltung der Zukunft und nach den Möglichkeiten. Was daran ist gestaltbar? Das ist auch eine Haltung gegen diese etwas paranoide Befürchtung, wir wären dem Internet ganz und gar ausgeliefert, so dass man sich dann einrüstet in Abwehr und Angst, sich bloß noch bedroht fühlt und die Hoffnung, doch auch etwas gestalten zu können, aufgibt. Haben wir eine Einstellung zu diesen uns überwältigenden neuen Gegebenheiten? Haben wir eine Haltung dazu? Fordert diese Realität unsere Identität heraus?

4. Identität entsteht im Dazwischen

Identität entwickelt sich in Beziehungen, zwischen Ich und Du, zwischen mir und dem anderen, zwischen mir als Person mit meiner Biografie in Beziehung zur Außenwelt, der Welt der anderen, der Natur, der Kultur, und in Beziehung zur Innenwelt, unseren Träumen, unseren Fantasien, unseren Geschichten, die wir erzählen und mit denen wir unsere Identität belegen.

Entwicklungspsychologisch gesehen ist es so, dass wahrscheinlich schon die Fantasien, die werdende Mütter und Väter haben, das intrauterine Werden des Kindes prägen. Dann geboren, geht es um den freundlichen, liebevollen Blick: Das Kind bringt etwas mit und wird mit alldem, was es mitbringt, gesehen, angesehen – freudig, freundlich, hoffentlich, vielleicht auch gleichgültig, ablehnend. Wenn freundlich, hat das Kind das noch verkörperte Gefühl, ansehnlich, liebenswert zu sein, das Lebensgefühl, dazuzugehören, aufgehoben zu sein, Vertrauen haben zu können zu dieser Welt und den Menschen. Wenn es keinen freundlich-liebevollen Blick gab, sucht man als Erwachsener lange den liebevollen, anerkennenden Blick in den Beziehungen – und kann den durchaus auch immer wieder finden. Wahrgenommen, angenommen, erkannt und anerkannt zu werden – das entnehmen wir unter anderem dem freundlichen Blick des anderen.

Identität wird in Beziehungen gelernt. Es ist immer: Ich und der andere, ich und die andere. Das unterstreichen verschiedene Entwicklungstheorien, etwa die von Daniel Stern[15]. Stern hat nicht einfach Theorien über Babys entwickelt, sondern diese Babys auch wirklich angeschaut und beobachtet und beobachten lassen, und zwar nicht nur die Babys selbst, sondern zusammen mit den Müttern. Von ihm stammt eine breit akzeptierte Theorie, dass es von Anfang an das Kind und die Mutter und das Kind und der Vater als Einheiten zu betrachten gilt, die man in Beziehungsinteraktionen beobachten kann. Diese Beziehungsinteraktionen werden dann von den Babys verinnerlicht und gelten als Modell für spätere Beziehungen. Von Anfang an sind wir also auf Beziehung angelegt, und im Laufe ihrer Entwicklung lernen die Kinder auch zwischen sich selbst und dem anderen zu unterscheiden.

Affekte, Affektregulation und der freundliche Blick

Wie wird aus dem Baby einmal ein selbstbewusster Mensch, ein Mensch, dem eine einigermaßen sichere Identitätsentwicklung möglich ist? Wichtige Aspekte – unter vielen – sind die Beziehung zu den Affekten, die Affektregulation und der freundliche Blick.

Wir Menschen haben Emotionen und wahrgenommene Emotionen: die Gefühle. Wir alle haben diese Gefühle, die uns auch Orientierung im Leben geben. Der amerikanische Neurowissenschaftler Jaak Panksepp[16] hat bei Tieren Grundemotionssysteme nachgewiesen, von denen er denkt, dass auch wir Menschen sie haben – als Grundlage unseres Lebendigseins. Unsere Emotionen und Gefühle sind vielfältig miteinander verwoben, ergeben das jeweils aktuelle Konzert unserer Seele. Diese Grundemotionssysteme teilen Menschen mit den Tieren. Es geht dabei um Angst, Ärger/Wut, Trauer, Freude, Interesse, Fürsorge, Spiel. Emotionen erleben wir körperlich, und in der Auseinandersetzung mit der Welt, mit anderen Menschen, können wir sie benennen, sie werden Gefühle, und vielleicht kann man dann auch die damit verbundenen Vorstellungen und Bilder – etwa von Angreifern, von Schutz, von Flüchten – wahrnehmen und reflektieren. Es ist dann also nicht mehr „Bauchweh", wenn man Angst hat, sondern irgendwann gibt es dann deutlich wahrnehmbare Befürchtungen, Angst, und daraus entwickelt sich auch die Abschätzung, wie realistisch es ist, dass das Befürchtete eintritt.

Diese Emotionen sind sehr wichtig für die Orientierung im alltäglichen Leben. Immer wieder wird heute gefragt, was denn eigentlich in unserer Welt noch Orientierung geben kann. Das sind die Gefühle. Das ist das, was in uns selbst zunächst biologisch angelegt ist, in Form von Emotionen und Gefühlen. So sagt uns etwa die Angst: Pass auf, schütz dich! Die Freude: Lass dich nieder! Alles ist gut, lass dich auf die anderen ein, da kann man miteinander etwas machen. Ärger bringt uns dazu, zu kämpfen, für sich selber einzustehen. Wenn wir Zugang haben zu unseren Emotionen, zu unseren Gefühlen, dann geben sie uns eine gute Orientierung, wie wir mit dieser Welt – in der so vieles unübersichtlich ist – umgehen können.

Für mich sind Emotionen und die damit verbundenen Gefühle auch die Basis der Identität. Und diese Gefühle können wir wahrnehmen und dann auch benennen, wenn wir Beziehungspersonen hatten – Mütter, Väter, Geschwister usw. –, die uns geholfen haben, zunächst unsere Emotionen wahrzunehmen und zu regulieren. Denken wir an ein schreiendes Kind: Das Kind selber kann die Emotion nicht regulieren, aber die Beziehungspersonen können es. Mütter oder Väter sind dann „gut", wenn sie ihr Kind beruhigen können. Die Mutter kann das natürlich unter Umständen auch mit der Milch machen, mit Nahrung. Aber eine feinfühlige Beziehungsperson wird auch beruhigen, indem sie mit dem Kind beruhigend spricht, das Kind in den Arm nimmt, es streichelt. Wir wissen, dass dann Oxytocin, das beruhigende Bindungshormon, ausgeschüttet wird. Wenn Beziehungspersonen mit aufgeregten Kindern sprechen, tun sie dies in einer ruhigen Weise. Sprechen sie mit gelangweilten, uninteressierten Kindern, dann wird die Stimme eher erhoben. So werden die Emotionen der Babys reguliert, und so wird Emotionsregulierung vom Kind auch gelernt – im Verlauf der Erziehung. Je besser man die Emotionen und Gefühle regulieren kann, desto weniger ängstigen sie uns, desto weniger werden wir sie verdrängen, desto mehr haben wir Zugang zum ganzen Konzert der möglichen Emotionen, sind auch entsprechend orientiert und hinreichend selbstsicher.

Es ist heute erwiesen, dass die therapeutische Beziehung eine zentrale Rolle für den Erfolg einer Psychotherapie einnimmt. In der therapeutischen Beziehung wird der Mensch gesehen, bekommt er eine Antwort, wird ihm geholfen, Emotionen wahrzunehmen und zu regulieren, verbunden mit einem freundlichen Blick. Menschen brauchen Antwort auf ihre Fragen, die sie gelegentlich erst kennenlernen müssen; Antworten auf existenzielle Fragen versichern sie in ihrer Identität.

Affektregulierung, Affektabstimmung in der Beziehung und im freundlichen Blick zu wichtigen Bezugspersonen ist eine wesentliche Grundlage für eine hinreichend gute Identitätsentwicklung und damit verbunden für ein hinreichend gutes Selbstwertgefühl, das sich in einem gesunden Selbstvertrauen zeigen kann, aber auch in der Überzeugung, im eigenen Leben etwas für sich und für andere bewirken zu können, selbstwirksam zu sein. Gerade der freundliche Blick, der anderen, aber auch von uns selbst auf uns und unser Leben, fördert ein gutes Selbstgefühl: Wir haben dann den Eindruck, gesehen zu werden, überhaupt zu sein.

Der Anfang der bewussten Identität: der rote Fleck

Einem kleinen Kind, das vor einem Spiegel spielt, wird ein roter Fleck auf die Stirn gemalt. Es interessiert sich für dieses Kind, das es da im Spiegel sieht. Bevor es etwa 15 bis 18 Monate alt ist, schaut es interessiert hin, was denn das „fremde“ Kind im Spiegel macht, versucht, Kontakt aufzunehmen. Und eines Tages – mit derselben Versuchsanordnung – zeigt das Kind nicht mehr auf das „andere“ Kind im Spiegel, sondern tippt sich selber an die Stirn, auf den roten Fleck. Das versteht man als Ausdruck der Erkenntnis: „Das bin ich" – eine erste Erfahrung von Identität, und damit auch die Unterscheidung zwischen dem Ich und dem anderen, und hier sieht man auch den Beginn von Autonomiestreben. Das Kind ist zu diesem Zeitpunkt auch in der Trotzphase, beharrt auf seinem Ich: der erste Schritt aus der Abhängigkeit in die Autonomie.

Doris Bischof-Köhler[17] weist nach, dass die Kinder von dem Zeitpunkt an, in dem sie sich selber im Spiegel erkennen, sich auch in andere Menschen hineinversetzen können. Es gibt eine Verbindung zwischen dem sich Erkennen im Spiegel und der Entwicklung der Empathie. Und ein wichtiger Zusatz: Sobald man sich in den anderen hineinversetzen kann, kann man auch gemein und brutal sein – man weiß jetzt nämlich, wie sich das beim anderen anfühlt. Oft verbinden wir Empathie mit einer liebevollen, hilfreichen Zuwendung. Das ist sie aber nicht notwendigerweise: Empathie bedeutet zunächst nur, dass man sich in den anderen Menschen hineinversetzen kann, und als Folge können wir natürlich hilfreich werden, wenn wir sehen, dass der andere Mensch Hilfe braucht, wir müssen es aber nicht. Hergabefreudig sind übrigens auch schon kleine Kinder, bevor sie sich im Spiegel erkennen, sie strecken einem etwa das angebissene Brot entgegen.

Dieses sich selber im Spiegel Erkennen kann meines Erachtens wirklich als ein frühes Erleben von Identität verstanden werden. Andere sehen den „Beginn" der Identität darin, wenn Kinder kleine Geschichten über sich selbst erzählen, autobiografische Puzzlestücke, etwa im Alter von drei Jahren. Wörter haben sie auch schon vorher benutzt, aber jetzt erzählen sie kleine autobiografische Geschichten darüber, was sie z.B. gerade gesehen haben, was ihnen wichtig ist.[18] Das bedeutet, dass die Kinder, wenn sie erzählen, in ihren Narrativen gesehen werden; ihre Identität wird sichtbar.

Das Vergleichen: ich und die anderen – die anderen und ich

Kinder imitieren, machen einander viel nach, identifizieren sich mit anderen Kindern, mit Geschwistern – das Zweijährige macht exakt, was die vierjährige Schwester macht – und dann verschwindet dieses Verhalten wieder. Aber gewisse Eigenheiten von Spielkameradinnen oder Geschwistern werden übernommen, das Kind identifiziert sich damit. Es ist dann ein Aspekt der Identität geworden – aber man kann sich auch wieder deidentifizieren. Das ist nicht nur beim kleinen Kind so: Wenn etwas angesagt ist in der Welt, dann können wir es imitieren, uns damit identifizieren und es auch in unsere Identität einbauen – und dann gibt es viel Befriedigung oder gar Sinnerfahrung. Das gilt nicht nur im Umgang mit Personen, das gilt auch im Umgang mit Erfahrungen, die uns emotional beschwingen, mit Ideen, die uns ansprechen. Wenn wir uns mit etwas identifizieren und es dann in unsere Identität „aufnehmen", ist das ein Moment, wo wir das, was zunächst von außen an uns herangetragen wurde, zu unserem Eigenen machen – und es dadurch auch etwas verändern, wir verwandeln es uns selber an in einem Prozess der Auseinandersetzung, eigentlich in einem kreativen Prozess. Es ist nicht einfach ein „Angestecktsein", obwohl dieses Angestecktsein dem Prozess der Anverwandlung, einer Form der Integration, vorausgeht.

Die Erfahrung, dass wir zwar mit den anderen nah in Beziehung sein können, emotional angesteckt werden können, von anderen entscheidend angeregt werden können, vermag nicht darüber hinwegzutäuschen, dass der andere oder die andere eben anders ist – und das ist immer auch eine Herausforderung, ein Anreiz zum Vergleich. Wenn wir nach unserer Identität fragen, dann fragen wir danach, wo wir gleich sind wie die anderen, aber auch, wo wir verschieden sind, anders eben, einmalig.

Dieses Vergleichen kann von außen an uns herangetragen werden – meistens beginnt es auch in der frühen Kindheit: Wer kann schon stehen, gehen, sprechen – wer ist größer, weiter? Aber auch wir selber vergleichen, zuerst mit den Geschwistern oder mit guten Freunden. Gerade bei den Geschwistern wird einem bewusst, dass man in vielerlei Hinsicht sich gleicht, dass man aber auch verschieden ist.

Ein Beispiel aus einem Lebensrückblick

„Ich bin als Mädchen mit meinen besten Freundinnen unterwegs – wir singen, es ist lustig. Da fällt mir ein, dass jetzt ein Kind irgendwo in der Welt hungert. Die Freundinnen fragen, was los sei – ich war wohl ruhig geworden. Ich sage das mit den hungernden Kindern. Die anderen finden das jetzt ganz unpassend. Ich sage mir: Ich passe nicht zu denen, ich bin ernsthafter, die sind oberflächlicher. Ich habe viel Mitgefühl. Das war so eine Identitätssache: Ich habe dann nicht mehr so viel Zeit in dieser Gruppe verbracht. Irgendwie war das gut und nicht gut. Gut, weil ich eine so deutliche Selbstdefinition hatte, nicht gut, weil ich mich gerade mit dieser Selbstdefinition isoliert habe und einsam wurde."

Aus dem Vergleichen ergeben sich Probleme: Vergleicht man sich in dem Sinne, dass man die Andersheit des anderen wahrnimmt, dann kann das auch interessant sein, ein Hinweis etwa darauf, welche Seiten der eigenen Persönlichkeit noch gepflegt werden könnten, oder es ruft Erleichterung darüber hervor, dass man „das", was den anderen Menschen auszeichnet, nicht ins eigene Selbstkonzept aufzunehmen braucht. Geht der Vergleich aber dahin zu schauen, ob der andere besser oder schlechter ist, mehr oder weniger hat, dann führt er leicht in ein missgünstiges Neiden – oder eine Stabilisierung des Selbstwertgefühls darüber, dass man sich anderen überlegen fühlt.

Aus der Forschung zu Rivalität[19] zwischen Geschwistern und damit auch zu den Themen Neid, Rivalität und Eifersucht[20] wird immer wieder darauf hingewiesen, dass in Familien, in denen Geborgenheit herrscht, die Kinder den Eindruck haben, in etwa das zu bekommen, was man braucht – natürlich könnte es immer mehr sein –, verbunden mit dem Lebensgefühl, „in Ordnung" zu sein, auch wenn immer einmal etwas schief gehen kann. Aber man kann es ja auch wieder in Ordnung bringen. Vom Jung'schen Denken aus würden wir sagen, dass in diesen Familien ein positives Mutterfeld[21] zu erleben ist, an dem natürlich auch die Männer mitwirken, verbunden mit dem Lebensgefühl „Leben und leben lassen". Kinder in einer solchen Familie könnten von sich sagen: „Wir sind uns ähnlich, aber wir sind auch verschieden. Das ist eine Herausforderung und gibt uns die Möglichkeit zu wachsen."[22] In einem solchen Familiensystem gibt es natürlich auch viel Konkurrenz, viel Rivalität, aber von einer solchen Basis aus wird das Vergleichen eher zu einem konstruktiven Rivalisieren führen. „Wenn du das kannst, dann will ich es auch können" – das gilt besonders für die jüngeren Geschwister, die auch können möchten, was die älteren können.

Aber da ist grundsätzlich das Lebensgefühl, in Ordnung zu sein, und deshalb muss der oder die andere auch nicht so sein wie man selber ist, sondern man kann neugierig darauf schauen, wie er oder sie denn ist, wie er oder sie ein Problem löst.

Die Frage nach der Gerechtigkeit bleibt natürlich auch in diesen Familien. Auch wenn man in diesen Familien „genug" bekommt, streiten sich auch diese Kinder darum, ob jetzt alle gleich viel bekommen haben, ob es jetzt wirklich gerecht zugegangen ist oder doch ungerecht. Dieses Streiten um Gerechtigkeit gehört zum Menschen. Es gibt ja keine Gerechtigkeit an sich, deshalb muss man sich um Gerechtigkeit immer wieder bemühen. Was wir haben, ist ein Gerechtigkeitsgefühl. Und wir haben ganz schnell das Gefühl, dass etwas ungerecht ist. Man weiß aus den Studien zur Geschwisterbindung, dass Eltern, die eine Familie mit einem eher positiven Mutterfeld gestalten können, ziemlich viel Streit zum Thema Gerechtigkeit aushalten; sie sind sich auch nicht zu schade, einmal den Schiedsrichter zu spielen, Klarheit zu schaffen und die ganze Jungmannschaft gegen sich aufzubringen.

Rivalität und Konkurrenz mündet dann leicht in Neid, Geiz und Hass, wenn man in einem dysfunktionalen Familiensystem aufgewachsen ist. Ein Motto einer solchen Familie könnte sein: „Wir sind in vieler Hinsicht verschieden. Wir mögen uns nicht besonders, aber wir brauchen uns."[23] In diesen Familien hat man nicht das Grundgefühl, genug zu bekommen, sondern es ist immer zu wenig. Alle stehen unter dem Eindruck, zu kurz gekommen zu sein – auch die Eltern. So gibt es in einem sehr viel höheren Maße einen Kampf um Ressourcen als in den funktionalen Familien.

In diesen dysfunktionalen Familien dominieren Ärger und Angst, und auch das führt zu einer Gefühlsansteckung. Der Kampf um Gerechtigkeit ist heftig und mit Enttäuschung, Resignation und Hass verbunden. Eltern ziehen sich meist aus diesem Kampf zurück oder werden sehr aggressiv, sie wissen gar nicht, wie sie sich da wehren könnten, denn sie sind ja selber bedürftig. Und weil man nicht genug bekommen kann, ist wahrscheinlich „Haben" ein Ausgleich: Was hat der andere, die andere, was ich nicht habe, was ich aber auch verdient hätte – und es dennoch nie bekommen werde? Der Vergleich ist nun eben nicht: „Wie machst du es? Interessant, dass du es anders machst! Hier kann ich mich anregen lassen von dir", sondern: „Wer ist besser? Und wer ist schlechter? Wer setzt sich noch besser durch?“ Und natürlich will man lieber besser sein als schlechter, weil es da nur Gewinner gibt. Und Verlierer. Und Verlierer will man im Grunde genommen gar nicht sein. Hier gibt es also keine gute Rivalität, sondern: Wettkampf, Neid, Geiz, Aggressivität.

Diese Studien zur Geschwisterbindung weisen uns darauf hin, wie wichtig es ist, sich unter dem Aspekt „anders“ mit anderen zu vergleichen und nicht ausschließlich unter der Perspektive „besser“ oder „schlechter“. Natürlich wird man diese Perspektive nicht völlig vermeiden können in einer Gesellschaft, in der es immer darum geht, wer denn besser ist, es besser kann. Aber den anderen Menschen als anders zu sehen, regt Interesse an, allenfalls konstruktives Rivalisieren. Sich zu vergleichen mit dem anderen gehört zu unserer Identität – im Spiegel des anderen werden wir auf uns selber aufmerksam.

Viele Menschen machen sich aber sehr unglücklich mit dem Vergleichen, zum einen, weil nicht alles vergleichbar ist – so mag man zwar das gleiche Alter haben, aber nicht denselben Ausbildungsgang. Andere hatten einen guten Start ins Leben, andere hatten es sehr schwer. Und natürlich kann es immer jemand besser auf dieser Welt, immer ist jemand schneller, erfolgreicher. Wenn wir so die Welt betrachten, haben wir Grund zur Annahme, wir seien immer zu kurz gekommen und würden immer zu kurz kommen. Wie neiden. Achten wir aber darauf, wie jemand, der uns auffällt und uns zum Vergleichen anregt, als Mensch ist, wie er sich zeigt, spricht, aussieht, dann können wir erfahren, dass er „anders“ ist – und was „anders“ ist als das Gewohnte, ist interessant. Was uns interessiert, regt uns an. Und dann macht nicht nur die andere Person es anders, sondern ich selber auch – und das ist wichtig. Ich mache es nicht besser oder schlechter, sondern anders, und das öffnet einen Blick auf die Identität – nicht im Vergleich von Gewinnen oder Verlieren, nicht in Bezug auf Selbstwert, sondern in Bezug auf das So-Sein als ganzer Mensch. Wenn es uns gelingt, uns mit dem anderen als anderem zu vergleichen, wird die Welt anregend, reich. Bleiben wir dagegen nur bei „besser oder schlechter", ist die Welt befriedigend, wenn wir „besser" sind, und enttäuschend, wenn wir „schlechter" sind. Die Welt wird zu einer eingeengten Welt. Auch das Anderssein kann uns gelegentlich anspornen, besser zu werden, aber die Faszination durch das Anderssein ist größer und weniger gefährlich.

Das Ganze gilt auch für den Vergleich in der Vertikalen: Wir vergleichen uns mit uns selber im Laufe des Lebens. Und auch da gibt es die Möglichkeiten von „anders" und „besser". Oft auch durch Anregung von außen stellt man fest, dass man viel gelassener mit problematischen Situationen umgeht als früher. Man kann sich noch einmal eine solche problematische Situation in Erinnerung rufen und sich vergegenwärtigen, wie man damals damit umgegangen ist, wie man die Gefühle reguliert hat, welche Strategien man angewendet hat. Und sich freuen darüber, wie man heute eine solche Situation bewältigt – anders. Besser? Vielleicht. Aber auf jeden Fall anders. Man kann aber auch, gerade wenn man älter wird, sich selber ansehen unter dem Aspekt: schlechter. Man sieht schlechter, kann nicht mehr so schnell gehen – früher war alles besser, so denkt man dann, was natürlich nicht stimmt. Leben verändert sich kontinuierlich, und deshalb ist auch immer alles anders und kann unter diesem Gesichtspunkt gesehen werden, und das ist ein freundlicherer Gesichtspunkt. Denn vieles wird einfach schlechter, anderes aber auch besser. Die präzise Frage „Wie war es denn eigentlich früher?" – und das können wir mit unserer Vorstellungskraft erinnern – hilft uns, uns in unserem auch immer wieder Anderssein, im dennoch auch immer Gleichbleiben, zu verstehen.

Wir machen das ein Leben lang, wir vergleichen uns, und aus dem Vergleich mit anderen nehmen wir Aspekte unserer Identität wahr, im Spiegel der anderen nehmen wir uns wahr, wir schaffen uns unbewusst oder bewusst Selbstmodelle, bestimmen, wie wir sind, aber nehmen auch die Sehnsucht wahr, wie wir sein möchten.

Zuschreibungen

Wir schreiben uns nicht nur selber Eigenheiten zu, die uns durch den Vergleich bewusst werden, wir bekommen auch Zuschreibungen von unserer Umwelt, und wir schreiben anderen Menschen Identitätsmerkmale zu.

Ein Kind wird nicht nur gesehen, es werden ihm auch Identitätsmerkmale zugewiesen, und zwar von vielen Bezugspersonen, etwa den Eltern, Großeltern oder Geschwistern. Da wird ein Kind – vielleicht ein noch ganz kleines – etwa als „mutiges" Kind beschrieben, ein anderes als „scheues" Kind. Da ist ein Kind ein besonders waches Kind und wird es später sicher zu etwas bringen, ein anderes Kind ist verträumt, wieder ein anderes ein Sonnenschein … Diesen Zuschreibungen entgeht kein Kind, mit ihnen ist immer auch eine Erwartung an die Zukunft verbunden. Diese Zuschreibungen, die in früher Kindheit beginnen, werden verinnerlicht und können etwas verstärken, oder aber sie betonen etwas, was kaum vorhanden ist, was zu einem „falschen Selbst"[24] führt, wenn sie den Wünschen der Eltern entsprechen, aber nicht mit dem Wesen des Kindes übereinstimmen. Als Erwachsene können wir uns gegen für uns unstimmige Zuschreibungen wehren, das kleine Kind kann das noch nicht. Zuschreibungen bewirken jedoch immer, dass andere Lebensmöglichkeiten, die nicht diesen Zuschreibungen entsprechen, in den Hintergrund treten.

Es ist auch schwierig, wenn ein Kind sich entsprechend diesen Zuschreibungen verhalten möchte. Alle Kinder wollen ihren Eltern gefallen, passen sich an die Zuschreibungen an. Soll z.B. ein introvertiertes Kind der Zuschreibung eines extravertierten Kindes entsprechen, weil die Eltern ein extravertiertes Kind haben wollen, wird es den Eindruck haben, immer etwas „falsch" zu sein und trotz aller Anstrengung nicht das leben zu können, was die anderen von ihm erwarten.

Diese Zuschreibungen – manchmal einfach Rückmeldungen – begleiten uns durch die ganze Schulzeit, durch die Adoleszenz – manchmal in Form eines kurzen Zurufs, etwa: „Du willst immer mit dem Kopf durch die Wand …", manchmal in einer längeren Beurteilung eines Lehrers, einer Lehrerin: „Die Schülerin spricht, bevor sie denkt …" Und das geht immer weiter so im Leben: Wir bekommen Zuschreibungen, wir machen Zuschreibungen, oft, ohne dass es uns bewusst ist. Es gibt auch Zeiten im Leben, da ist man auch begierig darauf, solche Zuschreibungen zu bekommen. Vielleicht wissen die anderen im Moment besser, wer man ist, als man es selber weiß. Das erleben wir oft an Lebensübergängen, an denen man die Identität zu einem Teil auch neu bestimmen kann. Diese Zuschreibungen kann man dann annehmen – oder man kann sich auch dagegen wehren. Wenn wir sie nicht einfach übernehmen, helfen sie für die Reflexion über die aktuelle Identitätsdiffusion. Zu diesen Zuschreibungen können wir uns also verhalten, müssen wir uns verhalten. So ist Identität auch ständig in Arbeit. Sie ist mit dem Vergleichen immer in Arbeit, aber sie ist dies auch mit den Zuschreibungen.

Die Zuschreibungen werden im späteren Leben oft dialogisch verfasst, es bildet sich dann auch die Beziehungsdynamik in ihnen ab. Die schönsten Zuschreibungen bekommt man, wenn man voneinander fasziniert ist, wenn man ineinander verliebt ist. Da sieht ein anderer Mensch in einem oft Möglichkeiten, die noch gar nicht wirklich zum Tragen gekommen sind, aber erahnt werden. Das sind nicht einfach idealisierende Projektionen: Wenn man auf einen anderen Menschen fasziniert-liebevoll bezogen ist, dann sieht man auch verborgene Seiten dieses Menschen, die er oder sie vielleicht noch nicht verwirklichen kann. Wenn man wirklich verliebt ist, kann man beste Möglichkeiten in einen anderen Menschen hineinsehen, und man benennt diese Möglichkeiten auch. Die Folge davon ist oft, dass dieser andere Mensch sich auch entsprechend verändern kann.[25] In der Therapie mit trauernden Menschen wird oft von dieser Phase der Verliebtheit und den damit verbundenen Zuschreibungen gesprochen, die identitätsrelevant sind. Ein Beispiel:

Ein Mann, um die fünfzig, hatte seine Frau, die etwa gleichaltrig war, durch einen Unfall verloren. Er kam mit dem Verlust nicht zurecht und begann eine Psychotherapie. Da erzählte er unter anderem, bevor er seine Frau kennengelernt habe, sei er ein „richtig stachliger junger Mann" gewesen. Er habe jeden „aufgespießt"; was andere gesagt hätten, habe er lächerlich gemacht. Seine Ironie war gefürchtet. Das habe man auch seinem Äußeren angesehen, er habe so stachlige Haare gehabt. Und dann habe er seine spätere Frau getroffen, und die habe ihm gesagt, er sei so wunderbar mutig, er brauche doch dieses Aggressive, Stachlige nicht. So stachlig wären nur Menschen mit einem schlechten Selbstwertgefühl. Er hatte es ihr geglaubt – und er habe dieses unangenehm Aggressive verloren. Geblieben sei sein Mut: Er habe oft etwas angesprochen, bei dem andere nur herumgedruckst hätten, sei auch in gewissen Situationen vorgeprescht, aber nicht mehr so unangenehm. Und das habe seine Frau bewundert. Aber jetzt, da sie gestorben sei, jetzt werde er wieder so stachlig wie vorher. Und meine Intervention war: „Das würde Ihrer Frau aber bestimmt nicht gefallen." Und er fand dann auch, das könne er ihr nicht antun.

Das ist für mich ein Beispiel dafür, wie dieser Mann durch eine Zuschreibung in der Phase des Verliebtseins ein Verhalten, das offenbar sehr schwierig für viele Menschen war, verändern konnte. Dass er stachlig und aggressiv war, hatte er zuvor oft gehört, aber diese andere Wahrnehmung, dass er so wunderbar mutig sei, war ihm neu und hatte ihm gefallen. Die Frau hatte diesen Mut im Grunde genommen aus ihm „herausgeliebt", aber er fürchtete, diese Seite wieder zu verlieren, jetzt, wo seine Frau nicht mehr da war – sozusagen als Hüterin dieser Seite. Er hat dann aber schon gespürt, dass er sich in den Jahren mit seiner Frau wirklich verändert hatte und dass er auf diesen Charakterzug auch stolz war. Was Menschen in einer Situation der Verliebtheit oder auch der Liebe einem zuschreiben und damit auch in einem beleben, das ist kostbar.

Die Zuschreibungen, die wir bekommen, sind also nicht einfach nur problematisch, sie können auch hilfreich sein. Und je besser die Beziehung ist, je besser wir Nähe und Distanz regulieren können, also einander nicht einfach abwehren müssen, desto eher kommen da Zuschreibungen, die einen weiterbringen, auch wenn man sie zuerst vielleicht abwehren muss. Aber es gibt natürlich auch Zuschreibungen, von denen man dann das Gefühl hat: Die passen überhaupt nicht. Diese Zuschreibungen haben natürlich auch eine Wirkung auf unser Selbstwertgefühl: Werden wir gelobt und können wir das Lob annehmen, fühlen wir uns gut, es stützt unser Selbstwertgefühl – und man ist dann auch leichter gewillt, dem anderen ebenfalls eine selbstwertsteigernde Zuschreibung zu geben. Zuschreibungen, die nicht passen oder die von uns als unangemessen verstanden werden, können kränken, das Selbstwertgefühl für einen Moment beeinträchtigen – und durch Reflektieren oder durch das Sichbeziehen auf gute Zuschreibungen kann die normale Ausgeglichenheit im Selbstwertgefühl wieder erreicht werden.

Es ist natürlich nicht nur so, dass wir uns die Zuschreibungen, die wir im aktuellen Leben von außen bekommen, kritisch ansehen und reflektieren. Wir bringen natürlich auch aus unserer Geschichte etwas mit: Muttersätze, Vatersätze, Lehrersätze, einfach Sätze von Autoritäten. Und dann gehört es auch zur Identitätsentwicklung, sich immer wieder die Frage zu stellen: „Will ich das eigentlich wirklich?" Oder: „Wer hat das eigentlich gesagt? Das ist doch so ein alter Satz, der eigentlich überfällig ist, losgelassen zu werden." Mit einigen Sätzen kann man recht lang leben, aber irgendwann hat man dann einfach das Gefühl, dass es so nicht mehr stimmt.

Diskrepanz zwischen außen und innen

Es gibt gelegentlich auch eine Diskrepanz zwischen dem, wie einen die Menschen sehen, und dem, wie man selbst fühlt und denkt. Die Mitmenschen können von außen etwas sehen und besprechen, das aber den im Moment vorherrschenden Gefühlen der besprochenen Person widerspricht. So kann man Haltung bewahren und dafür bewundert werden, auch wenn man innerlich zittert und dieses Zittern die erlebte Realität ist.

Diese Diskrepanz ist ausgedrückt in einem Gedicht von Dietrich Bonhoeffer. Bonhoeffer, 1906 geboren, war im Widerstand gegen den Nationalsozialismus, hatte sich gegen den Hass auf die Juden ausgesprochen und wurde 1945 im Konzentrationslager Flossenbürg getötet.

Wer bin ich?
Wer bin ich? Sie sagen mir oft,
ich träte aus meiner Zelle
gelassen und heiter und fest
wie ein Gutsherr aus seinem Schloß.

Wer bin ich? Sie sagen mir oft,
ich spräche mit meinen Bewachern
frei und freundlich und klar,
als hätte ich zu gebieten.

Wer bin ich? Sie sagen mir auch,
ich trüge die Tage des Unglücks
gleichmütig, lächelnd und stolz,
wie einer, der Siegen gewohnt ist.

Bin ich das wirklich, was andere von mir sagen?
Oder bin ich nur das, was ich selbst von mir weiß?
Unruhig, sehnsüchtig, krank, wie ein Vogel im
  Käfig,
ringend nach Lebensatem, als würgte mir einer
  die Kehle.
hungernd nach Farben, nach Blumen, nach
  Vogelstimmen,
dürstend nach guten Worten, nach menschlicher
  Nähe,

zitternd vor Zorn über Willkür und kleinlichste
Kränkung,
umgetrieben vom Warten auf große Dinge,
ohnmächtig bangend um Freunde in endloser Ferne,
müde und leer zum Beten, zum Denken, zum
Schaffen,
matt und bereit, von allem Abschied zu nehmen?

Wer bin ich? Der oder jener?
Bin ich denn heute dieser und morgen ein andrer?
Bin ich beides zugleich? [...][26]

In diesem Ausschnitt aus dem Gedicht „Wer bin ich?“ aus dem Buch *Widerstand und Ergebung* wird die Diskrepanz zwischen außen und innen erlebbar. Es ist nachvollziehbar, dass Bonhoeffer den Wärtern gegenüber Haltung bewahrt, was von außen auch kommentiert, ihm auch zugeschrieben wird, und dass er sich innen aber ganz anders fühlt.

Auch diese Frage gehört zur Frage nach der Identität: Bin ich das wirklich, was andere von mir sagen, oder bin ich nur das, was ich selbst von mir weiß? Natürlich bin ich nicht nur das, was die anderen von mir sagen, aber ich bin auch nicht nur das, was ich selbst von mir weiß. Denken wir noch einmal an den Satz von Hermann Hesse: „In Wirklichkeit aber ist kein Ich, auch nicht das naivste, eine Einheit, sondern eine höchst vielfältige Welt, ein kleiner Sternhimmel, ein Chaos von Formen, von Stufen und Zuständen, von Erbschaften und Möglichkeiten.“ Anfügen müsste man noch: „und Widersprüchen“. Manche Menschen sagen:

Ich spiele Theater, etwa, wenn sie trotz großer innerer Angst ganz gelassen auftreten. Sie meinen, hier dann nur eine Rolle zu spielen – was man aber auch können muss, das heißt, dass beides wahr ist: die Angst und die entwickelte Gelassenheit. Sie ist eine Gabe, eine Fähigkeit, die man auch hat. Kohärenz bedeutet nicht, dass wir keine Widersprüche in uns haben, dass wir in Bezug auf unsere Identität keine Widersprüche zwischen uns und den Beziehungspersonen erleben, sondern dass wir mit diesen Widersprüchen umgehen und auch umgehen können. Das ist eine der andauernden Auseinandersetzungen in der Entwicklung von Identität: Die Sicht von außen und das Erleben von innen können sich widersprechen, und dieser Widerspruch gehört zur aktuellen Erfahrung von Identität.

Der Blick des anderen und die Zuschreibung

Zuschreibungen können aber auch schwierig sein und eine große Wirkung haben. Der Schweizer Schriftsteller Max Frisch (1911–1991) hat in seinem Tagebuch 1946–1949 geschrieben: „In gewissem Grad sind wir wirklich das Wesen, das die andern in uns hineinsehen, Freunde wie Feinde. Und umgekehrt! Auch wir sind die Verfasser der andern; wir sind auf eine heimliche und unentrinnbare Weise verantwortlich für das Gesicht, das sie uns zeigen, verantwortlich nicht für ihre Anlage, aber für die Ausschöpfung dieser Anlage.“[27] Im Blick des anderen werden wir tatsächlich so, wie wir gesehen werden, und umgekehrt erschaffen auch wir die anderen mit unserem Blick. Insofern sind wir daran beteiligt, welche Seiten Menschen in sich selber entwickeln können, aber auch, welche Seiten sie uns zeigen. Wir kennen das alte Sprichwort: Wie man in den Wald hineinruft, so tönt es heraus … Denn Menschen identifizieren sich mit den Zuschreibungen. Diese helfen uns, unter den verschiedenen Möglichkeiten, die wir sein können, eine Richtung zu finden. Zudem fühlen wir uns den anderen mehr zugehörig, wenn wir erfüllen, was sie von uns denken.

Diese große Einflussnahme der Zuschreibungen auf die Identität eines anderen Menschen mutet in ihrer Macht geradezu unheimlich an. Sie fordert dazu heraus, darüber zu reflektieren, was wir in andere hineinzusehen bereit sind, und umgekehrt uns als Empfänger von solchen Zuschreibungen immer wieder zu fragen, ob die Zuschreibung mit unserem Wesen übereinstimmt.

Als Max Frisch den obigen Eintrag in sein Tagebuch schrieb, arbeitete er etwa gleichzeitig an dem Theaterstück *Andorra*, in dem er diese Idee, dass wir die heimlichen Verfasser der anderen sind, ausführt:

Ein Lehrer aus Andorra hat eine Liebesbeziehung mit einer Frau, die zu den sogenannten Schwarzen gehört, einem mächtigen Nachbarvolk der Andorraner, das Juden tötet. Mit dieser Frau zusammen hat er ein Kind. Der Lehrer nimmt dieses Kind mit sich nach Andorra, um es zu retten, und sagt in Andorra, es wäre ein Judenkind, das er vor dem sicheren Tod gerettet habe. Der Junge, Andri, gilt fortan in Andorra als Jude. Und alle sagen: „Das ist ein Jud."

In diesem Theaterstück führt Frisch in der ganzen Konsequenz aus, was er in knapper Weise als Idee in seinem Tagebuch skizzierte: dass Zuschreibungen Identität erschaffen. So lässt er Andri sagen:

> Seit ich höre, hat man mir gesagt, ich sei anders. Und ich habe geachtet darauf, ob es so ist, wie sie sagen. [Er spricht mit dem Pfarrer.] Und es ist so, Hochwürden, ich bin anders. Man hat mir gesagt, wie meinesgleichen sich bewege, nämlich so und so. Und ich bin vor den Spiegel getreten, fast jeden Abend. Sie haben recht, ich bewege mich so und so. Ich kann nicht anders. Und ich habe geachtet auch darauf, ob's wahr ist. Dass ich alleweil denke ans Geld, wenn die Andorraner mich beobachten und denken: Jetzt denke ich ans Geld. Und sie haben abermals Recht. Ich denke alleweil ans Geld. Es ist so. Und hab' kein Gemüt. Ich hab's versucht, aber vergeblich. Ich habe kein Gemüt, sondern Angst. Und man hat mir gesagt, meinesgleichen ist feig. Auch darauf habe ich geachtet. Viele sind feig. Aber ich weiß es, wenn ich feig bin. Ich wollte es nicht wahrhaben, was sie mir sagten. Aber es ist so. Sie haben mich mit Stiefeln getreten. Und es ist so, wie sie sagen. Ich fühle nicht wie sie. Und ich habe keine Heimat. Hochwürden haben gesagt, man muss das annehmen. Und ich hab's angenommen. Jetzt ist es an euch, Hochwürden, euren Jud anzunehmen.

Dieses Theaterstück hat wieder eine beklemmende Aktualität bekommen, wenn wir überlegen, welche Zuschreibungen wir fremden Menschen heute verpassen. Wie kam Frisch dazu, diesen Blick so zu thematisieren? Sicher: Es geht ihm in seinen Schriften immer um Identität. Und dann hat er wohl gut beobachtet: Wenn man den Menschen lange genug einredet, dass sie das und das sind, dann identifizieren sie sich auch damit, besonders wenn die Aussagen von Autoritäten gemacht worden sind. Vielleicht sind wir nicht mehr ganz so autoritätsgläubig wie die Menschen 1945/1946. Vielleicht.

Was Frisch in *Andorra* beschreibt, ist gespenstisch und wendet den Blick zusätzlich auf die Gesellschaft, zu der wir ja immer auch gehören. Es ist ja nicht nur so, dass uns in unserem Privatleben Eigentümlichkeiten, Identitätsmerkmale, Selbstkonzepte zugeschrieben werden, sondern wir bekommen solche Zuschreibungen auch im gesellschaftlichen Kontext, manchmal als Einzelne oder Einzelner, manchmal auch als Gruppe, zu der man gehört. Das wird besonders dann auffällig und schwierig, wenn „wir" und „die anderen" zu sehr unterschieden werden. Wir haben entwicklungspsychologisch festgestellt: Identität entsteht auch aus dem Vergleich mit anderen: In diesem Punkt sind wir gleich, aber hier sind wir auch verschieden, und im schlechteren Fall ist man besser oder schlechter.

Diese Art des Vergleichs geschieht auch im gesellschaftlichen Kontext. Da geht es dann sehr vereinfachend plötzlich nur noch um Identität und Differenz: Die einen gehören dazu, die anderen nicht, und meistens ist damit auch eine implizite Wertung verbunden: Die einen sind besser, die anderen schlechter. Identität und Differenz in Bezug auf Herkunft, auf Hautfarbe, auf Geschlecht, auf sexuelle Orientierung, auf Kaufkraft werden heute immer wieder betont. Dabei wird in diesen Debatten sehr einfach getrennt zwischen Identität und Nicht-Identität, zwischen Identität und Differenz. Damit spricht man den Menschen die Vielstimmigkeit ab, sieht nicht die vielen Möglichkeiten, keine Offenheit, keine Vielfalt. Was anders ist, wird ausgegrenzt. Es geht ums Dazugehören und Nichtdazugehören. Und Ausgrenzung ist schnell mit Gewaltanwendung verbunden, die, die nicht dazugehören, sollen verschwinden. Dieses Denken ist gefährlich: Da gibt es plötzlich richtige Schweizer, oder Deutsche, oder Österreicher, und wenn es richtige gibt, dann muss es auch „falsche" geben. Und implizit ist auch mitgemeint, wie denn ein „richtiger Schweizer" oder eine „richtige Schweizerin" zu sein hat – eine fatale Identitätszuschreibung. Und dann gibt es natürlich noch die Schweizer und die Nichtschweizer – eine normale Identitätsbestimmung, wenn nicht unterschwellig Wertungen damit verbunden sind, die uns meistens nicht bewusst sind.

Diese Zuschreibungen, besonders dann, wenn sie mit Ausgrenzung und mit Ideologie verbunden sind, können nicht nur im Leben von Einzelnen, sondern im Leben von ganzen Gruppen einen großen, auch destruktiven, Einfluss haben. Verbunden mit diesen Zuschreibungen sind natürlich Vorurteile, Rassismus und damit Entwertung, Entwürdigung.

Demokratie

Die anderen sind nicht so wie ich, aber nicht falsch, sondern anders. Wenn wir in einer Demokratie leben wollen – und diese Regierungsform erlaubt dem Einzelnen doch am meisten Freiheit und Lebensqualität, gibt ihm allerdings auch am meisten Verantwortung –, dann ist es wichtig, die Andersheit des anderen auch zu akzeptieren. Es mag mir gefallen oder nicht gefallen, wie Menschen leben, wie andere Menschen denken, aber es hat jeder das Recht, so zu leben, wie er oder sie leben möchte. Wir können und müssen uns mit Menschen auseinandersetzen, deren Denken uns als gefährlich erscheint, aber wir können es ihnen nicht verbieten.

Noch einmal: Der andere macht es nicht besser oder schlechter, sondern anders. Wie anders, das ist die Frage. *Wie* macht es der andere? Das ist auch in der Auseinandersetzung mit anderen Kulturen wichtig. Jede Kultur hat Grundüberzeugungen und auch Verhaltensmuster, die ihr eigen sind. Im Kontakt mit einer fremden Kultur werden diese Muster bewusst, man selbst ist anders – und wird möglicherweise auch in Frage gestellt. Das kann unser Selbstwertgefühl in Frage stellen, wenn es uns nicht gelingt, anderes als genauso wertvoll zu sehen wie das Eigene.

Auch in der Begegnung mit dem einzelnen Fremden ist das fundamental wichtig. Nicht mit der Haltung: Er denkt nicht so wie ich, er fühlt nicht so wie ich (falls man das überhaupt herausfinden kann), sondern sich die Frage stellen: *Wie* macht er das? Wie grüßt er etwa? Wie reagiert sie, wenn sie sich schämt – und wie reagieren wir? Und gleicherweise stellt sich angesichts von Menschen, die einer anderen Kultur angehören, die Frage: Wie machen *wir* es eigentlich? Selbstverständlichkeiten, z.B. unser Grußverhalten, über das wir in der Regel nicht nachdenken, nehmen wir wahr, wenn unser Gruß etwa ins Leere geht. Der oder die andere ist dann nicht notwendigerweise unhöflich, sondern hat andere Sitten und Bräuche.

Wir Menschen können von Natur aus empathisch sein: Wir fühlen, was der andere oder die andere fühlt. Das kann dann zu Missverständnissen kommen, wenn der andere Mensch aus einer anderen Kultur kommt oder auch aus der eigenen Kultur und uns dennoch sehr fremd ist. Da hilft nur freundliche Neugier und das Gespräch, und dann wird auch die Einfühlung besser, es gelingt vielleicht sogar, die Perspektive des anderen Menschen zu übernehmen. Durch den Dialog kann sich die Identität von beiden verändern, beide wissen aber auch, was sie nicht aufzugeben bereit sind und gestehen das auch dem anderen zu. Das Verstehen des Verhaltens und die Konsequenz daraus sind wichtig.

Durch den Dialog wird auch sichtbar, welche Werte ein anderer Mensch vertritt, was ihm oder ihr wirklich wichtig ist. Mir scheint allerdings, dass wir uns oft zu sehr auf eher abstrakte Werte konzentrieren, die andere Menschen haben, und vergessen, dass es den meisten Menschen darum geht, ein „anständiger Mensch" zu sein. Und ob er oder sie das ist, wird dann immer auch an Grundwerten abgeprüft (ist dieser Mensch freundlich, hilfsbereit, zugewandt, ehrlich, nicht so egoistisch, achtsam …?). Sobald wir aber eine Spaltung machen zwischen „uns und denen", zwischen Identität und Differenz, und Identität mit „richtig" und Differenz mit „falsch" in Verbindung bringen, werden wir alles, was um uns herum passiert, als falsch, gar als bösartig, als Angriff empfinden, und man igelt sich in der Folge ein. Das bedeutet aber auch, dass die eigene Identität nicht mehr in Arbeit ist. Man hat sich zurückgezogen auf eine Position der Abschottung. Soziales Verhalten und die Entwicklung von unserer Identität stehen in einem Zusammenhang. Da ist dann einer ein richtiger Schweizer, eine andere ist eine Hasserin. Das sind eindeutige, eingeengte Identitäten, die die Menschen, die so denken, davor bewahren, ins Nichts zu fallen, ein Niemand zu sein, Zugehörigkeit zu verlieren. Aber gefährlich sind sie halt trotzdem.

5. Anpassung und Identität

Zugehörigkeit zu anderen, das Gefühl, dazuzugehören, so zu sein und zu denken wie die anderen, gibt uns die Zuversicht, „richtig" zu sein, und das ist auch verbunden mit einem guten Selbstwertgefühl: Wenn „alle" sich so benehmen, dann muss es doch in Ordnung sein. Wir brauchen die Gemeinschaft, wollen nicht aus der Gemeinschaft herausfallen. Konstruktiv wäre es, wenn wir kritisch und wohlwollend bezogen wären aufeinander, wissend, dass wir miteinander etwas gestalten wollen oder müssen. Die weniger aufwändige Form aber ist, dass wir uns anpassen, uns unbewusst definieren lassen von anderen. Das kann bis dahin führen, dass wir selber feststellen, dass wir unsere Eigenart zu verlieren drohen.

Die Macht des „Man"

Es fällt uns leicht, uns anzupassen an das, was gerade „in" ist, was angesagt ist. Oft erleben wir diese Anpassung gar nicht als eine Forderung von außen, wir übernehmen einfach, was die anderen gut finden. Es ist eine Form der Ansteckung oder eine unbewusste Imitation. Darüber hat sich schon Martin Heidegger in seinem Werk *Sein und Zeit* ausführlich Gedanken gemacht.[28] Er führt darin aus – und unterdessen haben viele diese wichtigen Gedanken übernommen –, dass im alltäglichen Leben andere darüber bestimmen, wie wir leben, wie wir denken, wie wir uns entscheiden. Natürlich ist es in der Regel kein bestimmter anderer – das kommt natürlich auch vor, etwa, wenn eine wichtige Beziehungsperson immer über einen bestimmt, aber das wäre die persönliche Geschichte, und Heidegger bezieht sich hier auf Erfahrungen in der Gesellschaft. Jeder andere, ohne ein bestimmtes Gesicht, die anderen als eine Gruppe, zu der man selber natürlich auch gehört, kann über uns bestimmen: Es ist das „Man", das eine große bestimmende Kraft hat. Dieses „Man" entwickelt nach Heidegger unauffällig eine Diktatur. Was meint er damit? Wir denken, wie „man" zu denken hat oder wie „man" denkt. Wir kleiden uns, wie „man" sich gerade kleidet. „Man" genießt das Leben, wie „man" zurzeit eben das Leben genießt. Wir sprechen über Probleme, über die „man" im Moment eben spricht. „Man" beurteilt Probleme, auch wichtige, wie „man" das eben tut. Die Gesetze der Ökonomisierung hat „man" einfach zu akzeptieren ... Wir wissen alle: Es gibt angesagte Debatten, über die „man" dann eben debattiert. „Man" weiß, was „man" zu fühlen hat.

Dieses „Man" ist etwas Unheimliches. Wir wissen nicht, wer das „Man" ist und sind doch bestimmt davon, und oft in einer Weise, die uns von uns selber entfremdet. Das „Man" – das sind die anderen, das sind alle anderen, das sind auch wir. Dieses „Man" ist nicht nur unheimlich, es ist auch praktisch: Es nimmt uns viele Entscheidungen ab. Und es ist eine ganz große Erleichterung für das Leben. Wie benimmt „man" sich? Wenn Sie wissen, wie „man" sich benimmt, dann sind ganz viele Dinge überhaupt kein Problem. Wenn Sie sich aber plötzlich in einer anderen Kultur befinden, in einem anderen Land etwa, und Sie wissen plötzlich nicht mehr, wie „man" sich benimmt, wie die kulturellen Selbstverständlichkeiten spielen, dann wird es kompliziert, dann müssen wir Erkundigungen einziehen, nachfragen, uns fragen, wie es sich zu benehmen gilt, um nicht ständig ins Fettnäpfchen zu treten. Und da merkt man, wie entlastend es ist, wenn man einfach weiß, wie „man" es macht, was „man" so denkt, was „man" anzieht.

Dieses „Man" kommt uns zum Bewusstsein, wenn man die Regeln nicht kennt oder wenn man sich dem Angesagten nicht unterziehen möchte; dann fällt man heraus, man gehört nicht mehr dazu. Gelegentlich will man auch nicht dazugehören, man will sich vielleicht nicht kleiden, wie „man" sich kleidet. Man will vielleicht in einer Spannung zum „Man" leben, um „sich selber zu sein", um im Jargon zu bleiben, oder aber auch deshalb, weil ein bestimmtes „Man" für einen nicht stimmt oder nicht mehr stimmt. Setzt man sich in eine kritische Distanz zu diesem „Man", dann wird man auf die Macht dieses „Mans" aufmerksam.

Wenn wir auf den Einfluss von so einem „Man" auf das eigene Leben aufmerksam werden und eine Unstimmigkeit spüren, dann fallen wir aus dieser Selbstverständlichkeit heraus und müssen eine Entscheidung fällen. Dann stellt sich die Frage: Was ist denn für mich wichtig und richtig? Und: Wie viel Konflikt zu ertragen bin ich bereit?

Mit dem „Man" im Einklang sein ist eine Form der Unbewusstheit. Sehr oft, wenn wir darüber sprechen, dass es ein Wert ist, „bewusster“ zu werden, dass wir bewusster einen Zugang zum Unbewussten suchen, auch um kreativer zu werden, denken wir an die Arbeit mit Träumen, mit Symbolen, mit Fantasien. Wir können unsere Aufmerksamkeit auch auf unseren Alltag richten: Das Einiggehen mit dem „Man“ ist eine Unbewusstheit im alltäglichen Leben, die große Wirkung hat. Nicht selten reagieren wir, wie „man“ reagiert, und sind aber immer noch davon überzeugt, recht individuell zu sein.

Heidegger bezeichnete das „Man“ oft auch als „Man-Selbst“, im Unterschied zum Selbst, das man als Kern und Ausdruck der eigenen Persönlichkeit versteht. Auch ein „Man-Selbst“ zu haben bedeutet, in einer akzeptierten Durchschnittlichkeit von allen zu leben. Die Entscheidungen, die man trifft, aber auch das Wahrnehmen der Welt sind eingeebnet. Alles ist schon ein bisschen vorgeregelt, aber nicht wirklich gesehen und nicht wirklich reflektiert. Und was herausragt und sperrig ist, das passt nicht in dieses Man-Selbst. Gefährlich ist dieses Man-Selbst als ein Produkt aus Gewohnheiten, Vorurteilen und gelegentlich auch aus Engstirnigkeit. Wenn man so oder so in gewissen Kreisen über Fremde spricht, dann ist das eben auch „man“. Und das wird dann auch nicht reflektiert. Rassismus, Sexismus – das können, müssen aber nicht, Aspekte des „Man“ sein. Auch die Idee, dass man den Banken vertrauen kann, ist eine Idee des „Man“. Das Problem ist: Es geht um selbstverständliche Überzeugungen, für die niemand die Verantwortung trägt. Das „Man“ bestimmt viel, regelt viel. Das ist angenehm auf der einen

Seite und problematisch auf der anderen: Niemand trägt die Verantwortung, denn das „Man" sind alle und niemand. Und deshalb ist es natürlich so wichtig, dass wir auf diese vorgefertigten Überzeugungen, die wir gar nicht als solche wahrnehmen und oft auch bewusst gar nicht teilen, aufmerksam werden.

Das „Man" ist auch von großer Bedeutung für die Identität: Wenn „man" Identität so sieht, dass Menschen keinen Kern haben, sondern einfach so sind, wie sie gesehen werden, heute so, morgen so, dann ist das eine „Man-Überzeugung". Zu reflektieren über Identität ist dann ein Sich-Wehren gegen dieses „Man". Dem „Man" entgeht man jedoch nicht, diesem „Man" entgeht keiner und keine. Leben wäre auch viel zu mühsam, wenn wir dieses ganze „Man" opfern würden. Wir müssen es nur immer wieder von Zeit zu Zeit hinterfragen.

Wer gegen das „Man" rebelliert, kann durchaus wieder einem etwas anderen „Man" verpflichtet sein, denn in einer gewissen Gruppe rebelliert „man" jetzt. Im Moment sind sehr viele Menschen empört. „Man" ist empört. „Man" ist empört über die Politiker und die Politikerinnen. Das bringt überhaupt nichts, Empörtsein genügt nicht. Und immer alle Probleme der Politik zuzuschieben, das ist auch nicht das Wahre. Vertrauen erodiert auf diese Weise – und das können wir uns nicht leisten. Es geht wirklich um uns selber, um unser Handeln. Aber man fühlt sich so gut, wenn „man" miteinander meint, man müsse jetzt wieder einmal laut protestieren. Mir gefällt hier die Forderung des französischen Existenzialismus: „Wir müssen uns engagieren."

Und sich zu engagieren heißt durchaus, jetzt und in dieser Situation zwar zu wissen, dass wir dem „Man“ nicht entgehen, aber wir können schon darauf beharren, dass uns unser Selbstsein wichtig ist, dass wir unser Leben leben wollen, nicht das Leben, das „man“ so führt. Das eigene Leben zu leben führt zu Sinnerfahrung. Das eigene Leben – das wird uns bewusst, wenn wir spüren, dass wir in Übereinstimmung mit uns selber leben, feststellen, dass wir selber in unserem Leben vorkommen.

Da, wo wir ins „Man“ verfallen, sollten wir uns nicht vormachen, dass das der Gipfel unserer Individualität ist. Die Lösung ist ein konsequentes Zurückfragen: Entspricht das, was ich tue, wofür ich mich einsetze, was ich denke, was ich diskutiere, wirklich dem, was mir im Moment wichtig ist? Korrespondiert es mit meinen Gefühlen, entspricht es meinen Wünschen, meinen Überzeugungen, meinen Sehnsüchten? Oder versuche ich krampfhaft, so zu denken und zu handeln wie die anderen oder so, dass ich nicht auffalle, oder gar so, dass die anderen mich gut finden? Dazuzugehören hat auch viel mit Akzeptanz zu tun. Dazuzugehören, akzeptiert zu sein, wertgeschätzt zu werden – das ist für jeden Menschen wichtig. Unser Selbstwertgefühl wird so von außen bestätigt. Dennoch stellt sich immer wieder die Frage: Wo will ich dazugehören? Von wem möchte ich akzeptiert und wertgeschätzt werden? Und geht es wirklich um Akzeptanz und Wertschätzung? Oder machen wir uns das nur vor – weil wir dasselbe denken und tun wie die anderen, und das gibt leicht das Gefühl, dass es „richtig“ ist und dass andere das auch finden. Wenn wir im „Man“ sind, wird aber gar nicht so viel gedacht, und es geht sicher nicht um eine tiefe Wertschätzung und eine Akzeptanz, die sich gerade dadurch auszeichnen würde, dass ein Mensch in seinem Anderssein gesehen und akzeptiert würde.

Problematisch sind also dieses Man-Selbst und diese damit verbundenen vorgefertigten Vorstellungen, weil unser eigenes Leben mit unseren existenziell unterlegten Erfahrungen, also auch mit der Kontinuität unseres Lebens, auf der Strecke bleibt. Man lebt dann – etwas überspitzt formuliert – nicht das eigene Leben, sondern das Leben der anderen, entspricht dem Durchschnitt der anderen.

Das kann übrigens auch einer der Gründe dafür sein, dass viele Menschen unter depressiven Verstimmungen leiden. Denn eigentlich müssen wir selber vorkommen in unserem Leben. Es geht im Leben immer darum: Ich und der andere, meine Innenwelt und der andere und die Außenwelt. Und wenn wir zu sehr einfach nur uns anpassen, dann können kreative Impulse, die uns persönlich ausmachen, nicht ausgedrückt, gewagt und von anderen beantwortet werden.

Dieser Gedanke des „Man“ ist auch in der Soziologie aufgenommen worden. Eva Illouz, eine israelische Soziologin, hat in ihrem Buch *Warum Liebe weh tut* darauf hingewiesen, dass man heute weiß, wie man zu leben hat, vor allem aber auch, wie Beziehungen zu sein haben, wie Liebe sich darstellen muss.[29] Sie verweist auf die Codes in der Gesellschaft, wie etwa Verliebtheit zu inszenieren ist, und nicht, wie man sie selber inszenieren möchte, und bringt diese Codes in Verbindung damit, dass aus ihrer Sicht heute eine gewisse Enttäuschung am Leben und an der Liebe auszumachen ist. Diese Codes finden wir in den Medien oder auch in der Werbung, als Beispiel das Bild von einem eleganten Paar in Dubai auf dem höchsten Wolkenkratzer mit zwei Champagnergläsern in den Händen. Reklame für Champagner, für Dubai oder sonst einen angesagten Ort – und in dieser Verbindung ist das ein Code für ein romantisches Kennenlernen oder für die romantische Beziehung von modernen Menschen.

Dieses „Man" bedient ja auch unsere Vorstellungen und damit auch die Überzeugung, dass es so sein müsste. Illouz sieht in diesen Man-Vorstellungen, wie ich sie nennen möchte, den Grund für eine heute auszumachende latente Enttäuschung am Leben, für das bei vielen vorherrschende Gefühl, dass das Leben nicht ganz so sei, wie es sein könnte, auch indem wir uns sagen, dass bei uns selber nicht so viel Romantik zu erleben ist, dass es aber mehr sein müsste, verglichen mit der Hochglanzreklame. Zu fragen wäre: Wie möchte ich die Beziehung haben, wie schaffe ich die Romantik, die ich mir vorstelle – und wie stelle ich mir Romantik überhaupt vor? Keine vorgefertigten Vorstellungen, sondern die eigenen, die uns ja sehr gut zugänglich sind, wenn wir uns verlieben.

Das „Man" beeinflusst uns sehr – auf vielen Ebenen. Die Konsequenz davon: Wir müssten immer einmal wieder zurück zu unseren Gefühlen und eigenen Bildern, auch wenn sie gerade irgendwie nicht passen, man durch sie herausfällt. Nicht passende Gefühle sind im Grund genommen viel spannender als die, die passen: Sie führen zu den eigenen Wünschen, den eigenen Vorstellungen, den eigenen Imaginationen, sie führen uns näher zu uns. Also nicht diese kolonialisierten Imaginationen, diese Vorstellungen, die wir von überall her jetzt importiert bekommen, die auch überall geschrieben stehen, die eine Zukunft abbilden, wie sie mit dem Mainstream übereinstimmt, sondern einfach: Was möchte *ich*, was will *ich*?

Das Gute an der ganzen Sache ist: Je älter man wird, desto besser kann man das. Je älter man wird, desto eher kann man herausfinden, was denn eigentlich wirklich noch die eigenen Wünsche an das Leben sind. Aber natürlich kann man sich auch dem Diktat der Ökonomisierung unterziehen und optimiert altern wollen. Und dann ist man schon wieder einem „Man" verfallen. Vielleicht ist im Alter der Konflikt zwischen dem, was man sollte, und dem, was einem selber wichtig ist, präsenter. Man hat ja nicht mehr so viel Zeit, sich mit dem zu befassen, was einen wirklich belebt. Man entgeht dem „Man" zwar nicht. Aber vielleicht ist es auch möglich, mit einem Lächeln z.B. zu sagen: Für den Rest des Lebens kann ich mich vielleicht einfach entscheiden, das zu tragen, was mir gefällt, und nicht, was die Mode für die alternde Frau vorgesehen hat.

Diese Auseinandersetzung mit dem „Man" geht aber noch viel weiter: Angesagte Bilder des Alters und des Alterns sind auch ein Produkt des „Man". Die Auflehnung gegen diese Altersbilder ist wichtig, bedeutet sie doch, dass alte Menschen sich mit diesen Bildern nicht mehr identifizieren wollen und können. Da ist auch der Platz der Wissenschaft: In den Altersstudien wird danach gefragt, wie denn die alten Menschen leben, wie sie erleben, was ihnen wichtig ist. Das ist der Versuch, das „Man" in diesem Zusammenhang zu verändern. Das ist aber gar nicht so leicht. Das alte „Man" lässt sich durch Fakten nicht so leicht verändern – da braucht es eine gewisse Hartnäckigkeit.

Diese immer wieder notwendige Auseinandersetzung zwischen dem „Man" und den eigenen Ideen ist wichtig: Das „Man" hat ja auch deshalb eine solche Kraft, weil wir ja auch so sind wie alle anderen Menschen. Dies ist ein Aspekt der Identität, aber wir sind eben auch besonders, eigen-willig, eigen-artig – und beides zusammen macht unsere Identität aus.

Das „Man" hat natürlich auch seine Schattenseite, jedes „Man" schafft ein „Nicht-Man", grenzt also aus. Wenn man vernünftig zu sein hat, dann wird alles Unvernünftige ausgegrenzt, und das kann das Gefühlvolle sein oder auch die Idee, hilfreich sein zu wollen, oder das Kreative oder das sorgfältige Erarbeiten von etwas unter dem Diktat der Geschwindigkeit – das ist dann der Schatten des „Man".[30] Es ist auch wichtig, daran zu denken, dass der Schatten des „Man" das ist, was ausgegrenzt ist. Sich mit dem Ausgegrenzten zu beschäftigen bringt Entwicklung mit sich, sorgt dafür, dass das „Man" nicht so statisch ist, sondern sich auch immer wieder verändert – und das tut es ja auch. Den Schatten des Man kann man unter anderem dort finden, wo man sich schämt.

Selbstwerdung im Dazwischen

Das Finden der eigenen Person ereignet sich immer zwischen Menschen, in einem Resonanzraum, in den Zuschreibungen, die wir machen und erfahren, manchmal auch erleiden. Es sind häufig alte Zuschreibungen, unterlegt von Geschichten, die uns immer wieder in der Herkunftsfamilie erzählt werden, mit denen wir identifiziert sind oder gegen die wir uns auflehnen. Wenn wir uns gegen eine Zuschreibung wehren, werden wir ärgerlich: Der Ärger schützt unsere Identität und unsere Integrität. Die Zuschreibungen müssen stimmen, sie dürfen uns nicht in unserer Selbsterhaltung und Selbstentfaltung beschädigen; tun sie das, werden wir ärgerlich und stehen für uns und unsere Bedürfnisse ein (zum Thema Ärger siehe S. 99–108).

Diese Bewegungen zwischen Innen und Außen sind zentral bei der Frage nach der Identität. Ich, mit meinem Körper, meiner Ausstrahlung, meiner Selbstwirksamkeit, werde von außen gesehen und beantwortet. Ich selbst in den Augen der anderen – da ist Resonanz, eine Wechselwirkung. „Die anderen", das sind für uns bedeutsame und auch weniger bedeutsame Menschen, das sind aber auch Bücher, Filme, Kunstwerke: Ich, in meinem gegenwärtigen Sosein werde durch das, was andere sagen, machen, erleben und mitteilen in gewissen Aspekten sichtbar, ich werde dazu herausgefordert, über mich selbst nachzudenken – im Spiegel der anderen, im Spiegel des „Man". Es geht darum, Ähnlichkeiten und Unterschiede zu benennen, mich zu entwickeln, und dies immer in der Spannung zwischen der Betonung des Eigenen und der damit verbundenen Autonomie und dem Wunsch, dazuzugehören. So fragt man sich manchmal, wer man eigentlich ist, wenn niemand zusieht. Meistens aber haben wir die Augen der wichtigen anderen bereits verinnerlicht, und nur in Situationen, in denen wir spüren, dass etwas Unbekanntes, Fremdes, Wichtiges in unser Leben tritt – meistens als von innen her kommend erlebt – können diese Augen etwas auf Distanz gehalten werden.

6. Neue Identitätserfahrungen an Lebensübergängen

Unsere Identität und ihre Veränderung oder Anpassung werden uns auch bewusst an den von uns in unserer Biografie erlebten Lebensübergängen. Wir erzählen einander vor allem von diesen uns wichtigen Lebensstationen: Wie war es, als wir zum ersten Mal in unserem Beruf gearbeitet haben, als wir uns von einem Menschen getrennt haben, als wir fünftzig Jahre alt geworden sind, als wir einen wichtigen Menschen verloren haben, als wir an einen anderen Ort gezogen sind, andere Menschen kennengelernt haben? Manche Lebensübergänge sind uns deutlich in Erinnerung: die Zeit davor, oft eine Zeit des Schwankens zwischen Entscheidungen, die Zeit des Überganges, manchmal als Krise erlebt, manchmal einfach als eine etwas schwierige Zeit, die sich öffnet in die Zeit danach mit neuen Möglichkeiten, auch mit einem neuen Lebensgefühl, meistens auch mit neuen Herausforderungen.

Theorien zur Entwicklung der Identität werden meistens mit der Entwicklungsphase der Pubertät und Adoleszenz in Verbindung gebracht. Ein immer noch viel zitierter Pionier auf diesem Gebiet war Erik H. Erikson.[31] Dieser wichtige Lebensübergang vom Kind zum Erwachsenen ist im Zusammenhang mit der Entwicklung von Identität in vielen Belangen beispielhaft für die vielen Lebensübergänge, die wir im Laufe eines Lebens zu bewältigen haben. Einige dieser Lebensübergänge haben einen Zusammenhang mit körperlichen Veränderungen, mit der körperlichen Reifung oder dem körperlichen Abbau, aber auch mit Erfahrungen von Schicksalsschlägen, die die körperliche Unversehrtheit betreffen, etwa bei Unfällen oder Krankheiten, mit denen wir umzugehen haben. Sie betreffen immer unseren Körper, und deshalb auch unsere leibliche Identität. Wir haben aber auch Lebensübergänge, die mehr mit sozialen Veränderungen einhergehen, Lebensübergänge, die wir als Schicksalsschläge erleben, weil wir einen Menschen, den wir als zutiefst zu uns gehörig betrachten, loslassen müssen, vielleicht auch sterben lassen müssen.

Ein Lebensübergang kann sich aber auch dann abzeichnen, wenn wir zu einseitig geworden sind, uns zu sehr an einen anderen Menschen angepasst haben und so geworden sind, wie er oder sie mich gerne haben möchte, oder aber auch daran, wie man in einem bestimmten Alter zu sein hat. Da arbeitet ein Mensch nur noch, wird sehr effizient – und vergisst, dass es außer der Arbeit auch noch andere Lebensbereiche gibt, die ihm oder ihr eigentlich viel bedeutet haben. Da sind nur noch Arbeitsbeziehungen wichtig oder Beziehungen, die einem etwas nützen können, nicht aber Beziehungen, in denen man sich, ohne eine Frage nach Nutzen, einfach wohlfühlt. Da hat die vielbeschäftigte berufstätige Mutter vergessen, dass sie früher leidenschaftlich gern getanzt hat, dafür hat sie jetzt aber keine Zeit mehr, für vieles andere auch nicht. Da kann eine solche Einseitigkeit des Lebens entstehen, dass wir depressiv werden, und aus der Zuwendung zur Depression wird ein Lebensübergang, ein Übergang in eine Phase, in der unser Leben wieder ausbalancierter ist. Lebensübergänge, manchmal deutlicher, manchmal krisenhaft, manchmal fast unbemerkt, gehören zum menschlichen Leben.

Was ist nun modellhaft am Lebensübergang von Pubertät und Adoleszenz? Früher war man der Ansicht, mit der Adoleszenz, also so etwa mit zwanzig Jahren, habe man seine Identität gefunden, und die bleibe dann einigermaßen unverändert bis zum Tod. C. G. Jung dagegen postulierte einen Individuationsprozess und damit die Idee, dass der Mensch sich von der Geburt bis zum Tod entwickelt; fehlende Entwicklung mahnte er als Stillstand an, und dieser war in seinen Augen mit Krankheit verbunden.[32] Das Ziel der Individuation ist es, im Laufe des Lebens immer mehr zu dem oder zu der zu werden, der oder die in uns angelegt ist und der oder die wir aber noch nie waren. Es geht um eine schöpferische Entwicklung bis zum Tod. Auch Erikson hat vertreten – und da sind ihm in der Zwischenzeit wohl alle Entwicklungspsychologen gefolgt –, dass es eine Entwicklung über alle Lebensstufen hinweg gibt – bis hin zum Tod. Diese Entwicklungsstufen hat er beschrieben, und darüber wird auch weiter geforscht.

Pubertät, Adoleszenz wird als „zweite Chance" betrachtet – ein Ausdruck des Ethnopsychoanalytikers Mario Erdheim.[33] Die erste Chance des Menschen besteht darin, dass er überhaupt geboren worden ist; die zweite Chance ist, dass er sich in der Pubertät und in der Adoleszenz maßgeblich verändern kann, sich wegbewegen kann von dem, was man von den Eltern und der Umgebung mitbekommen hat, auch von Verkrustungen, die durch schlechte Erfahrungen entstanden sind, hin zu einem mehr eigenem Selbst. So gesehen, kann man auch das Klimakterium, das ebenfalls mit größeren Veränderungen einhergeht, bzw. allgemein den Übergang im mittleren Lebensalter, so um die fünfzig herum, als dritte Chance verstehen. Man kann aber in Anlehnung an diese Idee jeden bedeutenderen Lebensübergang, besonders, wenn er auch mit körperlichen Veränderungen verbunden ist, als Chance begreifen, als Chance zu einer neuen Lebenseinstellung, die durch Reflexion und Neuausrichtung gekennzeichnet ist.

Man kann sich verändern

Diese Überzeugung ist wichtig: Man kann immer noch einmal etwas verändern. In Pubertät und Adoleszenz zum einen deshalb, weil sich der Körper entscheidend verändert, zum anderen, weil psychologisch gesehen Selbstreflexion und Selbstzweifel neu möglich sind, und das verlieren wir nicht mehr. Wir wissen aus der Neurowissenschaft, dass sich in Pubertät und Adoleszenz das Gehirn massiv verändert, manche sprechen gar von einer „Baustelle Gehirn".[34] Das Gehirn entwickelt sich ja noch recht lange, und damit verändern sich die Hirnzustände. Und damit – das wussten die Psychologen, die Psychologinnen eigentlich schon lange – setzen dann auch kognitive Fähigkeiten von Selbstreflexion und Selbstzweifel ein. Dass wir Menschen über uns und unser Tun reflektieren können, es von außen ansehen und Zusammenhänge herstellen können, dass wir aber uns selbst auch in Frage stellen können, ist unter anderem auch der Grund dafür, dass Psychotherapie funktioniert. Sie ist natürlich auch hilfreich, weil man von einem anderen, wohlwollenden Menschen gehört wird, weil man gesehen wird, weil man auch befragt wird, und das ist unter anderem im Dienst von Selbstreflexion und Selbstzweifel. Natürlich reflektieren Analytiker und Analysand auch darüber, was in der Therapie geschieht, auch weil man lernt, bewusster zu reflektieren.

Selbstzweifel kann man sich zugestehen, wenn man sich in einer akzeptierenden Beziehung befindet. Selbstzweifel heißt unter anderem, dass man Identifikationen, die man bisher unhinterfragt gemacht hat, in Frage stellt. Dazu ein Beispiel:

Ein 46-jähriger Mann ist überzeugt davon, dass man arbeiten müsse bis zum Umfallen, erst dann sei man ein „guter Mensch". Nach dem dritten Herzinfarkt kommen ihm Selbstzweifel: Er zweifelt daran, ob dieser Satz wirklich eine gute Maxime ist. Er geht dem Ursprung dieses Satzes nach. So denkt man doch einfach. So dachte man wenigstens in seiner Familie. Es gibt Vatersätze, Muttersätze, Familiensätze, die uns unbewusst bestimmen und die wir zunächst nicht in Frage stellen. Da er ja gearbeitet hat bis zum Umfallen, hat er doch eigentlich schon bewiesen, dass er in den Augen seiner Herkunftsfamilien ein „guter Mensch" ist. Was heißt es aber für ihn persönlich, ein „guter Mensch" zu sein, das Leben gut zu leben? Was meine ich selbst damit?

Bei Lebensübergängen können durch Selbstreflexion und Selbstzweifel alte Identifikationen in Frage gestellt werden. In der Pubertät und in der Adoleszenz stehen durch das Wachstum des Körpers, die Sexualität, den Triebschub große Veränderungen an. Auch sozial gibt es große Veränderungen: Die Gruppe der Gleichaltrigen tritt neben die Familie und ist oft wichtiger für den Heranwachsenden, Freundschaften und das das Sichverlieben haben eine ganz neue Dimension. Natürlich verlieben sich auch junge Kinder vor der Pubertät, doch das Sichverlieben in der Pubertät und der Adoleszenz, das besonders bei den Jungen mit einem großen Triebschub verbunden ist, hat eine viel existenziellere Dimension. Es geht aber nicht nur um Liebe, es geht auch um die Erfahrung des Zurückgewiesenwerdens. Dazuzugehören ist ein wichtiger Wert. Es ist aber auch die Phase, in der die berufliche Zukunft anvisiert werden muss. Für alle diese Themen hat man heute etwas mehr Zeit. Der Entwicklungsanreiz zu einer neuen Identität ist gesteuert vom Körper, aber auch von der Innenwelt, von den veränderten Bedürfnissen. Die kindliche Identität, dieses fraglose Identifiziertsein mit den Eltern und der Familie, was auch ein recht stabiles kindliches Selbst entstehen lässt, wenn ein Kind in sicheren Beziehungen aufwachsen kann, wird in Frage gestellt, verbunden mit emotionalen Stürmen. Was gerade noch galt, gilt nicht mehr. Erikson und Marcia haben diese Situation als Identitätsverwirrung beschrieben, gelegentlich auch als eine Art diffuser Identität:[35] Es gibt zunächst Ablösungsversuche von den Eltern, dann aber auch wieder

Rückbindungen, die wiederum abgewehrt werden müssen, denn man will doch kein „Baby" sein.

Psychologisch gesehen werden die Identifikationen mit der Herkunftsfamilie in Frage gestellt. Familiensysteme haben bestimmte Werte, die ihnen wichtig sind. Das bedeutet aber immer auch, dass mögliche Lebensentwürfe ausgespart werden, im Schatten liegen. Jede Familie hat auch Familienschattenaspekte. Diese sind nun interessant für die Jugendlichen, um sich abzugrenzen, zu zeigen, dass sie „anders" sind. Dem Vater ist es sehr wichtig, dass man nicht raucht, nie damit beginnt. Sein 15-jähriger Sohn raucht, auch wenn es ihm nicht schmeckt, wie er offen anderen Menschen gegenüber zugibt, natürlich nicht den Eltern. Das kann sich auch auf gelebte Werte beziehen: Eltern, die sehr solidarisch sind, haben plötzlich Diskussionen mit ihren Kindern, die sich für einen vernünftigen Egoismus stark machen und diesen Egoismus dann auch gleich in die Tat umsetzen: „Ich habe das ganze Fleisch gebraten und aufgegessen, weil es mir schmeckt." – „Und der Rest der Familie?" – „Was gehen die mich an? Die sollen sich auch etwas suchen, was ihnen schmeckt."

Tiefenpsychologisch gesehen ist das, was so sehr verdrängt wird, unbewusst im System vorhanden. Der Schatten wird meistens verdrängt oder abgespalten – manchmal wird auch offener mit diesen Anteilen gekämpft. Identifizieren sich Jugendliche, meist vorübergehend, mit den Schattenanteilen des Systems, dann zeigen sie auch auf, was im Familiensystem ebenfalls vorhanden ist, womit man sich vielleicht besser auch einmal auseinandersetzen sollte. Man könnte den Jugendlichen, die sich so sehr mit dem Schatten identifizieren, auch dafür dankbar sein, dass sie aufzeigen, wo man sich etwas vormacht. Von der Entwicklungspsychologie her weiß man, dass es hier um eine vorübergehende Phase geht. Erwachsene Kinder um die dreißig haben sich in der Regel schon wieder deutlich den Lebensentwürfen der Eltern angeglichen.

In der Pubertät und in der Adoleszenz geht es darum, sich neu zu erfinden. Aus der Neugier auf sich selbst heraus stellt sich die spannende Frage: Wer kann ich alles werden? Was kann ich bewegen in der Welt? Und hier kommt die Fantasie zum Zug, Lebenskonzepte werden ausprobiert. Das zeigt sich auch an der jeweiligen Erscheinungsform. In der Entwicklungspsychologie spricht man von einem narzisstischen Durchgangsstadium, einem vorübergehenden Stadium, in dem sich die Jugendlichen extrem mit sich selber beschäftigen. Es gibt unterdessen auch Studien dazu, die zeigen, dass die Ausdrücke „ich selbst" die häufigsten Kategorien in Tagebüchern sind, und zwar bei den Jungs noch mehr als bei den Mädchen, wie Inge Seiffge-Krenke in neueren Untersuchungen herausgearbeitet hat.[36] Früher hatte man immer gedacht, das machen nur die Mädchen. Aber vielleicht machen es die Jungs jetzt auch anders als früher. „Ich selbst": Das Leben kreist um mich, um mein Selbst, um Ideen, wie ich mich entwickeln kann, was ich möchte. Der Jugendliche hat das Gefühl, er stehe auch im Mittelpunkt von anderen Personen, und er nimmt an – und das ist eben auch das Narzisstische –, dass die Umwelt ihn beobachte und begutachte. Daraus ergeben sich dann Tagträume, Tagträume, in denen der Jugendliche ein großartiger Held ist, eine machtvolle, wunderschöne Frau.

Diese Fantasien der Großartigkeit und des Einzigartigseins stehen in Abgrenzung zu den Beziehungspersonen, die als intolerant bezeichnet, als ein bisschen zurückgeblieben oder als etwas banal beurteilt werden. Es gibt auch Studien über rasante Fehleinschätzungen: Jugendliche, Pubertierende und Adoleszente, etwa zwischen zwölf und zwanzig Jahren, sind davon überzeugt, dass ihre Gefühlswelt einzigartig ist und dass andere ihre Gefühle nicht nachvollziehen können. Sie fühlen sich total einmalig in ihren Gefühlswerten. Das ist eine Erfahrung von Identität, die auf einer gut nachvollziehbaren Fehlwahrnehmung beruht. Sind wir etwa verliebt, dann sind wir auch als Nachadoleszente davon überzeugt, dass niemand dieses Gefühl so hat, so ausdrückt, wie man selbst. Im Laufe der Zeit weiß man natürlich: Liebe fühlt sich so an, Liebe wird so ausgedrückt, nicht nur bei mir. Und noch später wissen wir, dass diese Gefühle nicht so individuell sind, wie wir das denken. Das wird etwa deutlich, wenn wir Liebesgedichte von anderen lesen oder Filme anschauen, die sich mit der Liebe befassen. Die Erfahrung ist natürlich individuell, aber andere machen diese Erfahrung auch, und sie können sich in der Regel durchaus in einen verliebten Menschen einfühlen. Verbunden mit der Überzeugung, eine einzigartige Gefühlswelt zu haben, ist der Vorwurf, dass die anderen nicht verstehen, was da vor sich geht. Und der Kummer über dieses Nicht-verstanden-Werden wird in den Tagebüchern bzw. in den sozialen Medien beschrieben. Man kann sich aber auch langsam wieder wertschätzender auf die Außenwelt beziehen.

Dieses narzisstische Durchgangsstadium ist verbunden mit einer unsicheren Identität, mit einer Identitätsdiffusion. Das Internet spielt heute eine wichtige Rolle in dieser Identitätsentwicklung. Das Internet ist sehr leicht zugänglich, hat keine geographischen Grenzen, ist anonym. Hier kann man verschiedene Identitäten ausprobieren, und mit diesen Identitäten kann man dann eben spielen – man kann in den sozialen Medien als ein anderer oder eine andere auftreten und herausfinden, wie die Mitmenschen darauf reagieren. Je nachdem, wie gut die Identitätsgrundlage ist, kann das durchaus kreativ, schöpferisch sein oder zu einer großen Identitätsunsicherheit führen. Mit Rollen zu experimentieren, haben Jugendliche schon immer gemacht, dem sind aber im Internet kaum Grenzen gesetzt, der Raum der möglichen Exploration ist sehr groß.

Freunde sind bei der Suche nach Identität sehr wichtig: Man kann sich an sie angleichen, sich von ihnen anstecken lassen, sich von ihnen aber auch befragen lassen. Sie sind es, die einen verstehen. Man kann reale Freunde haben, man kann und konnte schon immer auch imaginäre Freunde haben: Mein bester Freund, meine beste Freundin in der Fantasie. Und jetzt kann man mit dem Internet auch noch virtuelle Freunde haben: den imaginären Freund aus dem Internet. Und hier ist die Schwelle, um mit ihm oder ihr etwas zu diskutieren, manchmal wohl niedriger als bei einem real anwesenden Freund. Hatte man früher Fantasiefreunde und Fantasiefreundinnen, ging es meistens darum, Einsamkeit zu überwinden, ohne dass man sich realen Menschen stellen musste. Das macht man heute vielleicht im Internet. Problematisch wird es erst, wenn es keine real anwesenden Freunde mehr gibt, denen man in die Augen sehen kann und auch in die Augen sehen muss, vor denen man sich verantworten muss.

Junge Erwachsene können heute ruhig sagen, dass sie sich ausprobieren. Die Idee, dass berufliche Identität und sexuelle Identität am Ende der Adoleszenz, etwa mit zwanzig, gefunden sein muss, gilt heute nicht mehr. Viele haben in einem bestimmten Beruf eine Lehre gemacht und wechseln dann gleich den Beruf. Man spricht heute von „emerging adulthood", einem zunehmend entstehenden Erwachsenwerden, und das braucht Zeit – so etwa bis dreißig, denkt man heute –, und die Jugendlichen nehmen sich auch die Zeit und experimentieren. Vielfalt wird gelebt, man kann sich ausprobieren, spüren, was passt, was weniger passt. Man kann sich aber auch schnell dem angleichen, was von außen gefordert ist, was im Moment angesagt ist. Da ist man wieder in der Falle des „Man". Das scheint noch immer bei den Mädchen häufiger vorzukommen als bei den Jungs. Die Frage ist: Welches Mädchen hätte denn die Gesellschaft gern? Und wenn die unbewusste oder halb bewusste Definition der Gesellschaft ist: „Ich bin, wie ich gesehen werde", dann gibt es einen ungeheuren Druck auf die Mädchen, möglicherweise auch bereits auf die Jungs, der lautet: Man hat ansehnlich zu sein, schön zu sein und dafür den Körper zu verändern, bis hin zu Operationen, um diesem Anspruch – den ja niemand wirklich ganz genau definiert – gerecht zu werden. Es heißt nicht: „Ich darf die sein, die ich bin", sondern: „Ich muss einem Bild entsprechen, einer Projektion: Ich fantasiere, wie man mich gerne hätte, und an diese Projektion, die möglicherweise von niemandem wirklich gedeckt wird, passe ich mich an." Verbunden damit ist oft das Gefühl: „So wie ich bin, bin ich nicht richtig. Ich sollte anders sein."

Es gibt auch andere Wege, der Identitätssuche, der Frage, wer ich im Moment eigentlich bin, zu entgehen. Mädchen, die noch recht gebunden sind an ihren Vater, tauschen diesen durch einen Freund aus. In der Gesellschaft gilt: Wenn ein Mädchen einen Freund hat, dann hat sie die Ablösung von den Eltern geschafft, hat ihre eigene Identität gefunden. Das kann sein, muss aber nicht so sein. Sie kann den Vater durch den Freund ersetzen und ist dann von diesem abhängig – mit den damit verbundenen Problemen, die sie besser beim eigenen Vater gelöst hätte. Und das ist das, was „man" heute in der Regel gut und normal findet. Psychologisch gesehen sprechen wir von einer abgeleiteten Identität: Es ist nicht meine eigene Identität, die ich gefunden habe, sondern ich lasse mir meine Identität von einem anderen Menschen geben, manchmal auch richtiggehend verschreiben, und das ist auch eine „Man-Identität". Wer keine eigene Identität gefunden hat, kann nach einer gewissen Zeit depressiv werden. Hinter der Depression steht die Entwicklungsnotwendigkeit, mit sich selber wieder besser in Kontakt zu kommen. Depression hat dann den Sinn, sich selber zu finden, herauszufinden, wer man auch sein könnte, oder einfach: Wer bin ich wirklich, wenn ich nicht mache, was die anderen von mir wollen, wenn ich mich nicht so verhalte, wie ich mir vorstelle, dass die anderen es so haben wollen?

Der Lebensübergang bei der Pubertät und der Adoleszenz ist beispielhaft für viele Lebensübergänge, die wir bewältigen, auch wenn sie in der Regel weniger „laut“ sind. Der Körper verändert sich, Selbstreflexion und Selbstzweifel werden möglich, und diese bleiben das ganze Leben hindurch. Es kann ein klares „Vorher“ und „Nachher“ ausgemacht werden – und ein „Dazwischen“. Dieses Dazwischen zeigt sich deutlich auch als eine Phase der großen Unsicherheit, der Labilität, des Ausprobierens, verbunden mit der Neugier auf sich selbst, wie man auch noch sein kann. Selbstreflexion und Selbstzweifel machen es möglich, über sich, sein Gewordensein, aber auch über die Zukunft nachzudenken, mehr zu sich selbst zu finden, mehr zu wissen, was wirklich wichtig ist für das eigene Leben. Man kann sich aber auch einfach anpassen und damit die Chance zunächst vertun.

Lebensübergänge sind dann besonders einschneidend, wenn damit deutliche körperliche Veränderungen einhergehen, und sie sind immer auch Chancen. Sie sind verbunden mit den Fragen: Wer bin ich denn eigentlich auch noch, wer will ich im Grunde genommen sein, wer bin ich, wenn mein Leben plötzlich ganz anders geworden ist, etwa, weil ich einen Partner oder eine Partnerin verloren habe? Mit diesen Fragen kündigt sich eine Veränderung in der Identität an.

Es gibt immer wieder Phasen des Lebens, in denen wir nicht über unsere Identität nachdenken, wir sind die, die wir sind, wir sind ins Leben verwickelt – und alles geht so seinen Gang. Wir haben ein unauffällig gutes Selbstvertrauen, fühlen uns kompetent im Leben. Vielleicht einmal ein fragender Blick von außen, mit der ausgesprochenen oder nicht ausgesprochenen Frage: Bist du wirklich so? Ein kurzes Nachdenken, eine kleine Korrektur vielleicht, oder auch nicht. Und dann, manchmal schleichend, manchmal fast über Nacht, beginnt man, das eigene Leben zu befragen: Das Ganze macht plötzlich keinen rechten Sinn mehr, man wird etwas unzufrieden, das Leben fühlt sich nicht mehr richtig lebendig an. Das kann in jedem Alter der Fall sein, geschieht aber oft bei den runden Geburtstagen, vor allem in der Mitte des Lebens, aber auch angesichts von Freunden und Freundinnen, die ihrem Leben plötzlich eine andere Richtung geben. Diese Unzufriedenheit äußert sich meistens auch darin, dass man eine gewisse Labilität bei sich feststellt. Psyche und Körper scheinen weniger belastbar, alte Probleme brechen wieder auf, manchmal alte Ängste. Man hat plötzlich kein so gutes Selbstvertrauen mehr und fragt sich: Was ist eigentlich mit mir los? Es ist Zeit für Selbstreflexion und Selbstzweifel – ein kleinerer oder größerer Lebensübergang ist im Gang, ein Entwicklungsprozess, bei dem wir etwas zurücklassen, bei dem Neues in unser Leben kommt, unsere Identität verändert, neu angepasst wird – an unsere Innenwelt, aber auch an die Außenwelt.

Diese damit verbundene Unzufriedenheit und Unruhe ist auszuhalten. Die Labilität ermöglicht es uns, Neues an uns zu erfahren. Wir sind empfindsamer, wir sind empfindlicher, und daher suchen wir mehr Orientierung, unter anderem auch in unseren Träumen. Haben wir nachts Träume, dann wissen wir gelegentlich schon, wohin die Richtung der Identitätsentwicklung geht. Der Mann mit den drei Herzinfarkten träumt immer einmal von kleinen Buben, die hingebungsvoll spielen. Er kann die Träume zunächst nicht präzise erinnern, nur dieses „ganz versunkene Spielen" erinnert er immer wieder, und das packt ihn. Aber kann das ein Aspekt einer erwachsenen Identität sein, so seine Frage. Ja, von seiner Innenwelt her ist dieses Sichverlieren im Spiel angesagt. Wohin das führen wird, muss nicht klar sein. In Übergangsphasen haben wir auch Fantasien, und das sind oft Fantasien von einem ganz anderen Leben, das man haben möchte. Wenn man nicht bei diesem Ausdruck stehenbleibt, sondern sich wirklich Fantasien von diesem ganz anderen Leben erlaubt, auch wenn sie bei genauerem Hinsehen nicht in die Realität umzusetzen sind und man ja auch nicht so leicht das angestammte Leben verlässt, dann zeigen diese Fantasien uns, wohin unsere tieferen Sehnsüchte tendieren. Das verändert aber an der Labilisierung noch nichts. Oft versuchen wir, die Unsicherheit mit alten Problemlösungsmethoden zu bewältigen. Wir wissen ja alle, was uns hilft, wenn es uns nicht so gut geht. Besser ist es, wenn wir uns auf uns selbst zurückziehen, uns Zeit geben, uns etwas pflegen und dabei aufmerksam sind auf uns selbst. Die Labilität kann sich darin äußern, dass wir traurig gestimmt sind, ohne dass wir depressiv sein müssen, man ist einfach heruntergestimmt.

Unsere Identität wird in dieser Phase von uns selber befragt, aber auch von außen. Da kommt dann vielleicht der Vorwurf, man sei nicht mehr so anregend wie früher, nicht mehr so heiter. Die humorvolle Rückfrage „Wie hättest du mich denn gern?“ kann ein Gespräch über die psychischen Veränderungen eröffnen und zu mehr Empathie anregen. Vielleicht kann man im Dialog mit einem wichtigen anderen Menschen auch schon ansatzweise formulieren, was einem im Moment und für die Zukunft bedeutsam zu sein scheint. Das ist auch wichtig für nahe Beziehungen. Es geht aber nicht nur darum, zu formulieren, dass es einem nicht so gut geht, sondern deutlich zu machen, dass man diese Phase als einen Übergang versteht, wo sich etwas Wichtiges im Leben verändert, man sich neu auf sich selber besinnt. Die Veränderung kann als Anforderung von innen kommen, durch Veränderungen im Körper und in der Psyche, durch die Notwendigkeit, Aspekte der eigenen Persönlichkeit, die man immer hintan gestellt hat, ins Leben einzubeziehen – oder aber auch mehr von außen, etwa durch eine neue Anforderung, auch durch eine neue Anforderung in wichtigen Beziehungen, die sich verändern, z. B. wenn die Kinder ausziehen. Und meistens kommen Innenwelt und Außenwelt zusammen.

Nun kann man natürlich wieder ganz schnell Anleihen beim „Man“ machen. Also, was macht „man“, wenn man plötzlich anfängt, sich zurückzuziehen und sich zu fragen: Wie muss eine Fünfzigjährige, ein Sechzigjähriger sein? Man kann sich aber auch sich selber aussetzen, den Träumen, den Fantasien, den Wünschen, den Interessen. Man kann auch etwas über sich selbst und seine unerfüllten Wünsche erfahren, wenn man den eigenen Neid auf andere Menschen, besonders aber auch auf die Jüngeren ansieht. Wehrt man den Neid nicht sofort ab, denn man hat ja nicht neidisch zu sein, dann kann uns der Neid auch etwas sagen.[37] Kann ich – altersgemäß – noch in mein Leben einbauen, worum ich die Jüngeren insgeheim beneide und sie deshalb auch harsch kritisiere? Man kann sich auch einfach fragen, was im Laufe des Lebens auf der Strecke geblieben ist. Es gibt z.B. eine Generation, die nach dem Krieg sehr viel arbeiten musste, und bei denen ist viel Spielerisches, „Unnötiges" wie sie zu sagen pflegen, auf der Strecke geblieben, das ins Leben eingebaut werden könnte.

Übergangsphasen erlauben uns ein inneres Ausgreifen in Möglichkeiten; einige davon wählt man und setzt sie auch um. Man ist jetzt nicht einfach ein neuer Mensch. Vielmehr verbindet man das, was neu dazukommt, mit dem, was vor dem Lebensübergang auch gut war. Zu Beginn eines Lebensübergangs wird das ganze Leben in Frage gestellt, bekrittelt man alles. Hat man den Lebensübergang bestanden, weiß man besser, was bis jetzt gut und tragend war, was aber auch losgelassen werden musste oder muss, ebenso, was noch aussteht, wofür einem vielleicht der Mut fehlt. Was bisher tragend war im Leben, auch wenn es sich vorübergehend auf dem Prüfstand befand, wird wieder als tragend ins Selbst- und ins Lebenskonzept eingebaut. Meistens gibt uns ein bestandener Übergang das Gefühl, lebendiger zu sein, mehr Freiheit im eigenen

Leben zu haben, man erlaubt sich die Vielfalt, wird weniger abhängig von der Meinung der anderen. Im Rückblick auf unser Leben können wir recht genau sagen, in welchen Situationen eine solche tiefere Veränderung der Identität erfahrbar geworden ist. Es sind meistens Situationen, in denen eine neue Anforderung an uns gestellt wird, die neue Seiten an uns herausfordert, etwa: Die Kinder sind aus dem Haus, man kann nicht mehr die Mutterrolle ausfüllen. Die Kräfte werden weniger, man kann sich nicht mehr ausschließlich durch Leistung definieren.

Manchmal sind diese Veränderungen der Identität mit Krisen verbunden, bei anderen sind es relativ ruhige Übergänge, ein allmähliches Verändern der Identität, und dennoch wird einem dann bewusst, dass etwas sich doch deutlich verändert hat. So sagte eine etwa fünfzigjährige Frau bei der Erstellung eines Lebensrückblicks: „Ich habe immer alles für die anderen getan, für meine Familie, aber auch für andere Menschen, die mich brauchten. Ich kam mir auch oft ausgenutzt vor. Und dann hat mir mein Mann eines Tages gesagt: ‚Du lässt dich gar nicht mehr so ausnutzen, du hilfst jetzt viel überlegter.' Als er das sagte, merkte ich: Ich habe mich langsam verändert – ja, ich helfe immer noch, aber es ist mir auch wichtig, dass *ich* mich wohlfühle."

Die Veränderungen bewirken, dass man dann wieder ganz gut in Übereinstimmung mit der Außenwelt und Innenwelt leben kann, verändert, und man fühlt sich über eine gewisse Zeit wieder bei sich, bis dann eben wieder eine neue problematische Situation auftritt. Die Problematik in der heutigen Zeit besteht darin, dass wir meinen, uns der Außenwelt anpassen zu müssen, dass wir immer funktionieren müssen, dass wir gut funktionieren müssen, wenn möglich immer noch besser, als Folge der Ökonomisierung – auch ein „Man". Unser Innenleben tritt dabei in den Hintergrund. Wir haben aber nicht nur eine Außenwelt, wir haben auch eine Innenwelt. Klaffen die zu weit auseinander, fühlen wir uns nicht mehr wohl. Wir spüren dann das Bedürfnis, wieder „ins Lot" zu kommen. Diese Anforderung müssen wir aufnehmen, und wir wissen meistens, was uns fehlt – auch wenn wir diesem Wissen nicht immer Taten folgen lassen. Diese Idee ist von einem tiefenpsychologischen Denken geprägt: Wenn die innere und äußere Welt in Beziehung zueinander stehen, in Balance und in einem gewissen Rhythmus sind, entwickeln wir uns in natürlicher Weise. Dabei verändert sich unsere Identität, so dass wir ein Leben leben, von dem wir denken, dass es ein gutes Leben ist.

Gerade wenn wir diese Rhythmen aber nicht wahrnehmen, weil die äußere Welt in ihren Anforderungen so einen Überhang hat, können anstehende Lebensübergänge, ähnlich wie in der Pubertät oder Adoleszenz, recht stürmisch verlaufen. Wir geraten dann in eine Krise. Größere Veränderungen im Leben gehen mit Identitätskrisen einher. Das war auch die Idee von Erik H. Erikson, dass der Mensch regelhaft immer wieder einmal eine Krise hat, diese besteht und sich aus dieser und durch diese Krise entwickelt, Neues im Leben lebbar wird, anderes auch abgelegt werden kann.

Was ist eine Krise?

In einer Krise erleben wir ein Ungleichgewicht zwischen den an uns gestellten Anforderungen und unseren Möglichkeiten, psychisch, physisch und welttechnisch damit umzugehen.

Wie kommt es zu einer Krise? Zum einen durch Veränderungen im Leben, die man zu verdrängen versucht, so dass sie plötzlich eine große Dringlichkeit bekommen, etwa eine Beziehungsproblematik, die man nicht wahrhaben will, was dazu führt, dass man sich nicht mit dem Partner auseinandersetzen kann, es nicht schafft, etwas gemeinsam oder im eigenen Leben zu verändern, eine Beziehungsproblematik, die dann plötzlich in einer anstehenden großen Entscheidung gipfelt, in einer veritablen Krise. Veränderungen, die zu lange nicht wahrgenommen und deshalb auch nicht aufgenommen werden, spitzen sich oft krisenhaft zu. Krisen entstehen aber auch durch plötzliche Ereignisse, mit denen man zunächst nicht umgehen kann: eine schwere Krankheit, ein Verlust.

In Krisensituationen fühlen wir uns vom Leben in die Zange genommen: Die Anforderungen, die an uns gestellt werden und unsere subjektiv zugänglichen Möglichkeiten, die Krise bewältigen zu können, stimmen nicht mehr überein. Es sind zu viele Anforderungen, die man mit den inneren und den äußeren Problemlösungsmöglichkeiten nicht mehr bewältigen kann. In der Krise fehlt die notwendige Flexibilität im Umgang mit dem Leben, und deshalb steckt man fest, weiß keinen Ausweg.

Eine Krise ist aber auch eine bedeutsame Situation, in der es unausweichlich um uns selbst geht; sie kann eine Gelegenheit sein, das Leben, das vielleicht schon viel länger aus dem Ruder gelaufen ist, wieder einigermaßen in Ordnung zu bringen. Ein wichtiges Problem in unserem Leben muss gelöst werden, sonst hätten wir keine Krise. Nicht selten geht es dabei um Leben und Tod. Aber auch wenn die Krise nicht diese existenzielle Dimension hat, so drückt sie dennoch aus, dass der Mensch in der Krise in Gefahr ist, dass eine neue Anpassungsleistung zwischen ihm und der Welt, zwischen Innenwelt und Außenwelt notwendig ist, damit das Leben wieder in eine Balance kommt. Notwendige Veränderungen stehen an und müssen realisiert werden.

Wenn ein Lebensübergang wirklich als krisenhaft erlebt wird, die Verstörung also sehr intensiv ist, brauchen diese Menschen Hilfe.[38] Krisen sind mit Angst verbunden und die Angst generalisiert sich leicht über verschiedene Lebensthemen und über die Zeit hinweg: Das ganze Leben erscheint einem plötzlich krisenhaft, nicht mehr zu meistern, und man stellt sich vor, dass man das Leben nie wieder in den Griff bekommen werde, es vielleicht auch überhaupt nie im Griff hatte, und deshalb muss der Mensch in der Krise entängstigt werden. Denn die Orientierung im Leben, die Kontrolle über das eigene Leben, zumindest in einem bestimmten Maß, ist ein Grundbedürfnis des Menschen. Wenn dieses Grundbedürfnis erfüllt wird, vermittelt das existenzielle Sicherheit. Entängstigt werden Menschen vor allem im Gespräch mit anderen Menschen über die schwierige existenzielle Situation.

Werden nun in der Krise die Angst und die damit verbundenen Befürchtungsvorstellungen generalisiert, vergisst der Mensch, dass Aspekte seines Lebens von der Krise ausgenommen sein können, aber auch, dass er ja eigentlich auch Krisenkompetenz hat, dass er oder sie schon viele Krisen im Leben gelöst hat, und dass er oder sie auch weitere Ressourcen hat, in Form von hilfreichen Beziehungen, von Handlungskompetenz, von Ideen, von Träumen usw., die alle helfen, das Leben zu bewältigen.

Krisen gab es schon immer und wird es auch immer geben. Menschen verändern sich, haben Lebensübergänge zu bestehen, auch glückliche, haben Schicksalsschläge zu verkraften. Beziehungen werden angeknüpft und bringen das gewohnte Leben in Unordnung, oder sie werden schwierig, können sogar zerbrechen.

Größere Veränderungen im Leben gehen mit Identitätskrisen einher. So bewirkt der Verlust eines geliebten Menschen, mit dem man zusammengewachsen ist, eine Identitätskrise. Im Trauerprozess werden nicht nur die Gefühle der Trauer zugelassen, sondern durch das Zulassen dieser Emotionen wird auch die Identitätskrise bearbeitet: Eine neue Identität wird erlebbar als ein vom Verstorbenen abgelöster Mensch, der vieles von dem, was durch das Leben mit dem Verstorbenen geweckt worden ist, integriert hat.[39]

7. Gefühle – Anfragen an unsere Identität

Es gibt nicht nur größere Identitätsumbrüche und Neubestimmungen der Identität, viel häufiger sind die alltäglichen, ständigen Anfragen an unsere Identität – und zwar über unsere Emotionen und über unsere Gefühle. Aus dem emotionalen Bereich stammen Anregungen, wie wir uns gerade in der Welt bewegen, ob gefährlich oder ungefährlich, und diese bestimmen unbewusst oder etwas bewusster unser Verhalten und unser Handeln. Unsere Identität wird nach außen sichtbar durch unser Handeln. Durch unsere Haltungen und unser Handeln zeigen wir auch, wer wir sein wollen.

Unsere Emotionen, die wir im Körper spüren und die in Verbindung sind mit allem, was in unserem Körper abläuft, sowie die bewusst wahrgenommenen Emotionen, die Gefühle, die wir benennen können, geben uns Orientierung nach innen und nach außen. Das heißt, über unser Selbsterleben können wir uns orientieren, werden wir auch verunsichert, in Frage gestellt, beunruhigt. Es ist eine Orientierung in Bezug darauf, wie wir uns fühlen in dem, wie wir gerade sind, was wir tun, wie uns die vielfältigen Beziehungen zur Welt affizieren, was für uns allenfalls zu ändern ansteht.

Wie bereits gesagt: Wir haben biologisch angelegte Emotionssysteme, die wir mit den Tieren teilen.[40] Das sind nach Panksepp das Angstsystem, das Ärgersystem, das Freudensystem, das Neugiersystem, das Interessesystem, das Paniksystem, das Trauersystem, das System der Fürsorge. Diese Systeme stehen miteinander in Beziehung, kommen oft gemeinsam vor, so dass es gar nicht so einfach ist, eine einzelne Emotion, ein einzelnes Gefühl herauszufiltern. Wir benennen dann oft das vorherrschende Gefühl, das unsere Stimmung dominiert. Auf diesen Emotionssystemen bauen sich dann, durch die Beziehungen zu anderen Menschen und durch die menschliche Entwicklung, durch die Erfahrungen, die wir mit der Welt machen, unsere alltäglichen Emotionen auf, auch die sozialen Emotionen wie etwa Neid und Scham. Durch Erfahrungen im Alltag werden diese Systeme angeklickt.

Sind wir in einer Situation, in der wir uns hilflos fühlen, spüren wir Angst. Die Angst spüren wir zunächst im Körper, und das unangenehm angespannte Gefühl im Körper erkennen wir als Angst. Wir spüren Angst, und wahrscheinlich haben wir auch ein paar innere Bilder oder Erkenntnisse, die sich mit der Angst verbinden. Wir spüren, dass wir uns körperlich oder psychisch bedroht fühlen und suchen Hilfe bei einem anderen Menschen. Emotionen und die damit verbundenen Gefühle gehören zu unserer Grundausstattung, die bei allen Menschen gleich, archetypisch, ist, und diese Grundausstattung hilft uns, uns zu orientieren und auch unsere Grundbedürfnisse zu erfüllen.

Mit unseren Emotionen und unseren Gefühlen regulieren wir die Beziehungen nach innen und nach außen. Jemand ärgert mich, ich werde zu Unrecht, wie mir scheint, angegriffen. Zeige ich meinen Ärger, dann gebe ich meinem Mitmenschen zu verstehen, dass er über meine Grenze geht, ich warne ihn, dies nicht weiter zu tun, sonst gibt es erst richtig Ärger. Man wird miteinander über das Problem sprechen müssen. Emotionen entstehen aus unseren vielfältigen Beziehungen zur Welt, natürlich vor allem auch zu anderen Menschen; sie sind Anreiz zur Verbindung von Innenwelt und Außenwelt, Körper, Intellekt, Verhalten usw.

Geht man den jeweils erfahrbaren Emotionen und Gefühlen nach, dann wird deutlich: Jede Emotion, jedes Gefühl sagt uns etwas über unser aktuelles Identitätserleben und allenfalls, welcher Aspekt der Identität gerade bedeutsam ist – und das im Dienste des Dazugehörens als Individuum zu den anderen und des Dazugehörens zur Welt.

Ärger

Ärger ist ganz offensichtlich verbunden mit der Erfahrung von Identität. Bitte stellen Sie sich eine Situation vor, in der Sie einen mittelstarken Ärger gehabt haben, keinen sehr großen, aber auch keinen ganz kleinen. Wie hat sich das angefühlt? Was haben Sie mit dem Ärger gemacht? Falls Sie den Ärger heruntergeschluckt haben – wie hat das gewirkt auf Sie selber und wie auf die anderen, die den Ärger ausgelöst haben? Was geschah also mit Ihnen, was geschah mit der Beziehung, in der der Ärger sich ereignet hat?

Versuchen Sie nun, sich an eine Situation zu erinnern, in der Sie jemanden absichtlich geärgert haben – nur ein bisschen vielleicht. Und jetzt versuchen Sie, sich zu erinnern, wann jemand anderes absichtlich Sie geärgert hat, eine Situation, in der Sie in Ihrer Wahrnehmung absichtlich von jemandem geärgert worden sind.

Es ist oft schwer herauszufinden, wann man selbst jemanden absichtlich geärgert hat, aber wir finden leicht heraus, wann andere uns mit ziemlicher Sicherheit absichtlich geärgert haben. Hier zeigt sich ein statistisches Problem: Zwischen dem absichtlich Geärgertwerden und unserer Wahrnehmung von Situationen, in denen wir selbst auch andere absichtlich ärgern, müsste ja ein gewisses Gleichgewicht bestehen. Entweder stehen wir nicht dazu, dass auch wir andere absichtlich ärgern, oder wir nehmen viel zu oft an, dass andere uns absichtlich ärgern. Aber wenn wir glauben, dass andere Menschen uns absichtlich ärgern, werden wir im Gegenzug ärgerlicher, als wenn wir das Gefühl haben, es sei einfach eine Unachtsamkeit gewesen. Ein Beispiel: Jemand stößt uns im Menschengewühl. Wenn wir es für Absicht halten, werden wir ärgerlich, halten wir es dagegen für etwas, was in Menschenansammlungen einfach vorkommt, werden wir es kaum wahrnehmen.

Alle Emotionen und Gefühle betreffen unsere aktuelle Identität, das ist ganz besonders beim Ärger der Fall. Im Zusammenhang mit Ärger geht es darum, dass meine Persönlichkeit nicht respektiert wird, meine Integrität verletzt wird usw. Integrität meint, eine nicht zu verletzende Grenze um sich haben zu wollen und zu schützen. Greift jemand unsere Integrität an, fühlen wir uns verletzt, finden, der andere Mensch habe sich etwas herausgenommen, was ihm oder ihr nicht zusteht, wir werden ärgerlich. Unsere Persönlichkeit, unsere Identität, unsere Integrität – das hat etwas Abgegrenztes, und das ist auch unser Schutz. Das bin ich. Aber wir Menschen können nicht ohne einander leben, wir wollen auch miteinander leben. Wir möchten nicht nur einmalig und autonom sein, wir möchten auch in einem „Wir" leben, wir möchten unsere Grenzen auch immer einmal aufheben und liebevoll miteinander verschmelzen, zumindest liebevoll miteinander umgehen können. Viel Ärger entsteht, weil wir Angst vor dem Verlust einer für uns wichtigen Beziehung haben, das bedroht uns zutiefst in unserem Selbstverständnis. Wir müssen uns aber auch in den Beziehungen miteinander auseinandersetzen.

Wenn jemand über unsere Grenzen geht, uns in unserer Selbsterhaltung, eben in unserer Identität, in unserer Integrität angreift, dann werden wir ärgerlich. Und das Angreifen, das kann körperlich sein, das kann mit Worten geschehen, mit Blicken. Angegriffen werden kann man psychisch, indem man etwa über uns verfügt, uns beleidigt. Oder wenn wir nicht respektiert werden. Auch das erleben wir als Angriff auf unsere Integrität und Identität. Ärger und in der Folge auch die ärgerbedingte Aggression entstehen auch, wenn man ständig zu viel Arbeit hat. Da sagt dann einer, nach der Arbeit müsse er zuerst lange joggen gehen, um „herunterzukommen", um nicht den angesammelten Ärger über die Familie auszugießen. Diese Menschen haben den Eindruck, man habe ihnen im Laufe des Tages „zu viel aufgebürdet" oder sie hätten sich „zu viel aufbürden lassen", ohne dass sie genug Anerkennung dafür bekommen haben. Und dieses „Zu-viel-aufgebürdet-Bekommen“ oder „Sich-aufbürden-Lassen“, ohne entsprechende Anerkennung, erleben manche Menschen als Angriff auf ihre Integrität. Sie würden das nie so sagen. Sie sagen einfach, sie wären sehr ärgerlich. Und wir sprechen dann in dem Zusammenhang von Distress, also vom schlechten Stress, nicht von Eustress, dem Stress, der uns gut tut, weil er uns in einer guten Weise antreibt.

Auch wenn wir beschämt werden, ärgern wir uns. Das sind alles Ärgersituationen, bei denen es um die Selbsterhaltung geht. Wir können uns auch beleidigt fühlen durch die Brutalität in der Welt, durch die Hässlichkeit, durch den Hass. Das gibt dann eher einen diffusen Ärger oder eine Ärgerstimmung – wir spüren, dass wir uns in einer diffusen Art angegriffen fühlen, uns auch nicht entsprechend wehren können.

Wir können uns über uns selbst ärgern, und das bedeutet immer auch, dass wir uns Gedanken über unsere Grenzen, letztlich über unsere Identität, machen sollten. Wir ärgern uns in der Regel über uns selbst, wenn wir von uns selbst einfach eine zu hohe Meinung haben, der wir dann im Handeln doch nicht entsprechen können, wenn wir unrealistisch mit uns selbst umgehen. Warum ärgern wir uns, wenn wir auf eine Beleidigung nicht die elegante, humorvolle Replik vorbrachten, die uns erst in der Nacht eingefallen ist? Offenbar sind wir, wenn die Emotionen hochgehen, doch nicht so abgeklärt und schlagfertig, wie wir es gerne hätten. Wenn wir diese manchmal fehlende Schlagfertigkeit als einen zu akzeptierenden Aspekt unserer Identität sehen könnten, dann wäre der Ärger weg, oder er wäre nur minimal.

Die Selbsterhaltung, das ist sozusagen der Kokon, den wir um unsere Identität herum haben, und die wir oft auch mit der Integrität in Verbindung bringen, als einen Wert, den wir uns selbst geben. Und dann gibt es aber auch die Selbstentfaltung, das heißt, wir wollen uns entwickeln, Grenzen hinausschieben, Neues in unser Leben hineinholen. Wir interessieren uns für etwas, wir haben uns vorgenommen, eine Kompetenz, die uns wichtig ist, noch zu perfektionieren, uns neu für etwas zu engagieren. Dazu mag gehören, dass Sie sich weiterbilden, dass Sie üben, trainieren, sich treffen mit anderen Menschen. Und dann kommen Ihre Nächsten und sagen: „Du hast sowieso schon keine Zeit, das wollen wir nicht, das sollst du nicht machen, das ist viel zu viel Engagement für andere." Und dann werden wir ärgerlich: Wir möchten mehr aus unserem Leben machen, letztlich unsere Identität entwickeln – und jetzt versagen es uns die, mit denen wir leben und ein gutes Miteinander haben wollen. Da kann man trotzig werden oder aber den Ärger auf eine gute Weise zum Ausdruck bringen.

Trotz: Kleinkinder im Trotzalter sind von einer großen Explorationslust gepackt, ihnen fällt ständig etwas Neues ein, was sie auch noch machen wollen, und das ist im Dienste der Entwicklung. Sie werden zu dem, was sie sind, indem sie Schritt für Schritt die Welt erobern. Als Erwachsener bremst man sie ständig, ruft man die ganze Zeit: „Nein, nein, nein!" – weil sie sich ja in ihrer Explorationslust auch durchaus gefährden. Und dann werden diese Kleinkinder so richtig wütend, stampfen und toben. Und etwas Ähnliches läuft auch in uns ab, wenn unsere Explorationslust gedämpft wird, wenn wir unseren Interessen nicht nachgehen dürfen, wenn wir unsere Mitmenschen nicht davon überzeugen können, dass das jetzt für uns wichtig ist. Mit dem Ärger schützen wir unsere Identität, wir sorgen aber auch dafür, dass die Identität keine statische bleibt, sondern sich verändern kann. Mit unserem Ärger können wir Grenzen schützen, Grenzen erweitern – im Zusammenleben mit einem Du, dem das Gleiche wichtig ist. Ärger steht aber nicht nur im Dienste der eigenen Identität, sondern auch der Beziehung, in der es wichtig ist, dass jeder auch für sich selber einstehen kann, wobei die Beziehung durch den Ärger nicht grundsätzlich beschädigt, sondern im Dienst eines besseren Miteinanders in Frage gestellt wird.

Wenn wir ärgerlich sind, dann werden wir aggressiv, und das ist cinc ärgerbedingte Aggression. (Es gibt auch andere Formen von Aggression.) Aus dem Ärger entstehen Ärgerfantasien: Wir stellen uns vor, was wir dem Menschen, der uns geärgert hat, antun. Das sind meistens Rachefantasien, die den Sinn haben, das verletzte Selbstwertgefühl wieder zu stärken und etwas in der Beziehung wieder ins Gleichgewicht zu bringen. Wenn wir uns ärgern, empfinden wir die Situationen als unfair, als ungerecht – da ist etwas aus dem Gleichgewicht geraten, und die Rachefantasie stellt vorübergehend wieder ein Gleichgewicht her.

Ärgerfantasien: Ein junger Mann ist sehr, sehr ärgerlich auf seine Freundin, weil sie in seinen Augen „herumgeflirtet“ hat. Er fantasiert: Er werde ausziehen aus der gemeinsamen Wohnung und alles Eigentum seiner

Freundin mitnehmen. Auf Ärgerfantasien folgt aber oft Angst: Man möchte den anderen Menschen ja nicht verlieren, ihm oder ihr nur bedeuten, dass man selber nicht so hilflos ist. Ärger und Angst interagieren häufig miteinander. Wir wissen natürlich aus reicher Erfahrung: Wenn wir unseren Ärger nicht sehr geschickt ausdrücken, reagiert der Empfänger oder die Empfängerin des Ärgers ebenfalls mit Ärger. Und der Ausdruck von Ärger kann uns erschrecken, wir haben Angst vor Zerstörung, im Falle einer Beziehung etwa, dass die Beziehung in die Brüche geht. Dies ist auch eine für den Fantasierenden überzeugende Rachefantasie, die allerdings ganz selten in die Realität umgesetzt wird, wegen der Angst vor dem Verlassenwerden oder anderen unangenehmen, ungewollten Folgen. Der junge Mann revidiert seine Fantasie dahingehend, dass er zwar immer noch ausziehen will, aber nicht alles mitnimmt, was ihr gehört, das erscheint ihm nicht fair, aber die Schuhe, die ihr am liebsten sind, die will er mitnehmen. Das ist für ihn eine relativ perfekte Ärgerfantasie. Sie zu haben, genügt ihm; sein Selbstwertgefühl ist wieder einigermaßen hergestellt, und er kann seine Freundin auf das Flirten ansprechen. Wir pflegen diese Ärgerfantasien, bis unser Selbstwertgefühl wieder gut genug ist, um sich mit dem Problem auseinandersetzen zu können.

Wenn wir den Ärger benennen, versuchen wir herauszufinden, wo wir gegenseitig über die Grenze des anderen gegangen sind. Darüber streiten wir uns dann. Und hinter dem Streiten steckt die Frage, welches Verhalten – und zwar von beiden – in die Verantwortung genommen werden muss. Was müssen wir tun, damit diese Konflikte nicht wieder vorkommen, dass jeder seine Identität leben kann und ein Miteinander möglich ist?

Menschen, die uns nahe sind, können uns mehr ärgern als Menschen, die uns weniger wichtig sind. Das hat damit zu tun, dass nahe Menschen eher über unsere Grenzen gehen dürfen, das ist das Wesen einer nahen Beziehung; Kinder dürfen einem sogar auf der Nase herumtanzen. Aber gerade weil man die Grenzen weniger respektieren muss, ist es so wichtig, die Grenze zu sehen, wo es dem anderen richtig weh tut. Im Grunde genommen muss man in einer nahen Beziehung sehr viel ärgersensitiver sein.

Geht ein naher Mensch dann doch über unsere Grenzen, dann geht es um den Erhalt der weitgehend selbstbestimmten Identität, der unverletzbaren Integrität. Dafür sind wir bereit zu kämpfen. Aus der ärgermotivierten Aggression wird der Kampf: Je mehr prosoziale Gefühle wir haben, also je liebevoller wir sind, je lieber wir jemanden haben, desto eher wird dann daraus nicht einfach Destruktion, sondern eine konstruktive Auseinandersetzung. Es gibt wirklich eine Veränderung, es gibt den Dialog. Und durch diesen Dialog wird es einem dann wieder bewusst: Was an meiner Identität steht eigentlich im Moment auf dem Prüfstand, was muss ich mir sozusagen auch kämpfend vom anderen zurückholen?

Die prosozialen Gefühle machen den Unterschied, und bei den uns nächsten Menschen, bei denen wir uns am stärksten ärgern, haben wir auch die meisten prosozialen Gefühle. Infolgedessen sind wir bei diesen Streitereien, solange noch liebevolle Gefühle und Gefühle der Fürsorge füreinander auszumachen sind, weniger unfair als bei anderen.

Wer sich ärgert, der glaubt noch daran, dass man die Welt verändern kann. Denn Ärger ist die Emotion des Kämpfens, und im Ärger steckt auch die Energie des Kämpfens und damit des etwas Bewegenwollens. Kämpfend sich für die eigene Identität einzusetzen, die eben nie statisch ist, die angegriffen wird, sich aber auch entwickeln will. Dennoch: Der richtige Ärger, am richtigen Ort, in der richtigen Dosis – Ärger und Zorn, in allen Varianten, aber im rechten Maß –, das war schon für Aristoteles ein hohes Ziel[41] und ist es bis heute geblieben. Denn konstruktiv über Ärger sprechen kann man dann, wenn er zwar deutlich erlebbar ist, aber noch nicht wild auflodert, wenn man noch über den Ärger sprechen kann. Kein Zorn zu haben, sich nicht zu wehren, fand Aristoteles hingegen, sei „Knechtsart". Sagen uns Menschen, dass sie sich überhaupt nicht mehr ärgern, dann finde ich das überhaupt keinen Ausdruck für menschliche Reife, sondern dafür, dass man aufgegeben hat. Und statt dass man sich ärgert und kämpft, wird man depressiv.

Manche Menschen vermeiden einen offenen Streit und wenden die passive Aggression an. Einander nicht zuzuhören, einander die ganze Zeit zu vertrösten, ohne die Absicht, das Gesagte auch einzulösen, alles zu vergessen, das alles sind Formen der passiven Aggression. Diese passiven Aggressionen wenden wir alle an, die einen mehr, die anderen weniger. Wir denken dann, dass das beziehungsdienlich ist. Deshalb die Frage, die ich anfangs gestellt habe: Was ist geschehen, nachdem Sie einen Ärger verschluckt haben? Wir entwickeln in der Folge oft eine passive Aggression oder halten den Groll im Körper, werden vielleicht sogar bitter, schlucken den Ärger aber hinunter, weil wir die Beziehung schützen wollen. Das bringt aber das Gegenteil. Es ist vielmehr der warme Ärger, der uns hilft, uns konstruktiv miteinander auseinanderzusetzen. Im Ärger sind wir uns nah – in der passiven Aggression aber distant.

Welche Aspekte der Identität werden im Ärger sichtbar? Es geht um die Identität im Modus des Einstehens und Kämpfens für sich selber in der Beziehung mit anderen Menschen. Und das ist ein wichtiger Aspekt der Erfahrung von Identität: Ich kann einstehen für mich selber und kämpfen, im Zusammensein mit Menschen, die das genau so tun, um sich ihre Integrität und Autonomie zu erhalten. Das stärkt unser Selbstgefühl und die Überzeugung, dass wir selbstwirksam sein können, nicht einfach Opfer sind von anderen Menschen und Situationen, die uns beeinträchtigen. Was uns ärgert, zeigt uns das im Moment identitätsrelevante Thema. Passt man sich übermäßig an, etwa, um nicht verlassen zu werden, und formt seine Identität nach dem Bild, das ein wichtiger Mensch von einem hat, dann wird man unterschwellig sehr ärgerlich sein, aber es nicht wagen, über den berechtigten Ärger auch zu sprechen. Der Ärger mahnt das Selbstsein an. Wir Menschen brauchen die Zugehörigkeit zu anderen, aber auch die Abgrenzung, und für die Abgrenzung in der Zugehörigkeit sorgt der Ärger.

Angst

Welchen Einfluss hat die Angst auf unsere Identität? Angst erleben wir als besonders unangenehme Erregung im Körper, und zwar angesichts einer bedrohlichen Situation, die vieldeutig ist, mit der umzugehen wir zunächst keine Möglichkeit sehen und uns daher hilflos fühlen, aber natürlich unter Druck sind: Wir fühlen uns bedroht, von einer Gefahr ergriffen.

Angst zeigt uns unsere Identität im Modus der Hilflosigkeit und der Verlassenheit. Entweder ist gar kein helfendes Du da, oder wir sind auch von nahen Menschen angegriffen. Wie schon beim Ärger wird deutlich: Ärger, ärgerbedingte Aggression und Angst interagieren miteinander. Wenn wir von einem anderen Menschen angegriffen werden, erleben wir die Außenwelt als total gefährlich, als bedrohlich. Nun können wir mit Ärger reagieren und kämpfen, oder aber wir reagieren mit Angst. Je eindeutiger eine Situation ist, desto eher reagieren wir mit Ärger; wenn die Situationen aber vieldeutig, unübersichtlich werden, dann reagieren wir eher mit Angst. Da ist die böse Welt, niemand, der hilft, und wir werden erfasst von der Angst, sind klein, hilflos, gestresst, wissen nicht, was zu tun ist.

Wir können leicht in Situationen geraten, in denen wir alle Aggressionen an die Außenwelt, an die anderen delegieren, wir haben dann keine Aggression mehr, sind nur noch ganz von der Angst erfasst. Indem wir den Ärger, vor allem aber die damit verbundene Aggression an die Außenwelt delegieren, haben wir keinen Zugang mehr dazu, sondern nur noch Angst. Dabei haben wir natürlich auch Ärger, wir haben auch Aggression. Mit der Aggression, die wir auf die anderen projizieren, geben wir „den anderen" – wer das auch sein mag – eine große Macht und Wirkmächtigkeit, wir selber hingegen sind dann total ohnmächtig. Und die Frage ist: Wo ist denn meine Aggression, wo ist mein Ärger – kann ich den Zugang dazu finden? Finden wir unseren Ärger, dann haben wir auch Zugang zur ärgermotivierten Aggression. Es geht nicht um Destruktion, sondern um Aggression im Sinne des die Probleme Anpackens, es geht um die Überzeugung, dass man sich wehren kann. „Fight or flight" – so sagt man oft im Zusammenhang mit der Angst –, Kämpfen oder Fliehen, das sind die beiden Bewegungen, die uns offenstehen. Wenn wir fliehen, wenn wir uns zurückziehen, wenn wir uns den Schwierigkeiten nicht mehr stellen, dann erleben wir uns als Opfer der Umstände, Opfer einer ganz bösen Welt, Opfer von dubiosen Machenschaften, die wir nicht mehr durchschauen.

In der heutigen Zeit existieren auch gesellschaftlich viele paranoide Vorstellungen: dass „alle" nur das Böse wollen, es darauf abgesehen haben, einen zu zerstören, dass das Land kaputtregiert wird. Wenn einige Menschen diese paranoide Vorstellung miteinander teilen, wird sie auch nicht mehr in Frage gestellt, denn die anderen sehen das ja auch so. Dann sind wir letztlich alle Opfer. Wir leben im Modus der Hilflosigkeit und der Anklage, ohne etwas zu verändern. Wir haben eine Identität als Opfer, als Opfer der anderen, der Umstände, des Lebens. Irgendeine Instanz müsste helfen, aber diese helfende Instanz zeigt sich nicht, keiner kümmert sich. In einer solchen Situation müssen wir uns selber ermächtigen, Mut zur Angst zeigen, aber auch Mut zum Ärger und zur Aggression.

Man kann sich fragen, was wir verpassen im Leben, wenn wir den Mut zur Angst verpassen. Mut zur Angst heißt, sich die Angst in der vollen Härte einzugestehen und sich dennoch auch zu wehren, soweit das möglich ist. Da geht es in der Regel noch um Situationen, die wir fürchten, Folgen, die wir befürchten. Hinter der Furcht – mit der wir uns täglich auseinandersetzen müssen – steht die Angst, die uns zunächst vor das Nichts stellt – nichts geht mehr –, und es geht um nichts anderes als um einen selbst. In der Angst kann man sich nicht von jemand anderem vertreten lassen, aber man kann spüren, dass man sich nicht um die eigene Existenz bringen lassen will. Wir stoßen auf das, was trägt, auch wenn scheinbar nichts mehr trägt. Das sind existenzphilosophische Gedanken. Karl Jaspers hat davon gesprochen, dass man in einer Situation, in der man denkt, es gehe gar nichts mehr, die Existenz ergreife.[42] Das ist ein geheimnisvoller, ziemlich dunkler Ausdruck von einer großen Stärke. Man verkriecht sich nicht ins Bett, man ergreift die Existenz, man mischt sich ein ins eigene Leben.[43] Man setzt sich in dieser bedrohten Situation für die eigene Existenz, für die eigene Identität ein. Große Angstsituationen sind Situationen, in denen wir körperlich und geistig spüren, dass es so etwas wie eine Identität gibt, für die wir einstehen müssen.

In der Praxis macht man das zusammen mit einem hilfreichen anderen Menschen. Identitätsentwicklung muss man aus der Beziehung heraus verstehen. Und entängstigen können wir uns zusammen mit einem Du. Es ist eine Alltagserfahrung: Wir ängstigen uns, wenn wir aber mit einem anderen Menschen zusammen sind – sofern wir uns nicht gerade vor ihm oder ihr fürchten –, sind wir wesentlich mutiger. Sprechen wir über unsere Angst, entängstigt das und macht den Weg frei für Reflexion und für neue Ideen. Reflexion: Bin ich wirklich bedroht? Was ist wirklich bedroht? Die Angst hat die Tendenz, sich über alles zu legen, alles geht dann nicht mehr, alles macht Angst – da ist es sinnvoll, genauer hinzusehen. Und das geht mit einem Menschen, der selber nicht von dieser Angst ergriffen ist, besser.

Es geht nicht nur um die Bedrohung der Grenzen wie beim Ärger, darum geht es auch, aber es geht darüber hinaus um die Bedrohung meiner selbst in meiner ganzen Identität. In der Angst ist unsere Kreativität, auch die Kreativität zur Gestaltung von problematischen Situationen, gelähmt. Werden wir entängstigt, auch etwa dadurch, dass wir einen in Frage stehenden Wert durch einen anderen ersetzen – ich kann zwar in einer Situation das Gesicht verlieren, aber das ist wesentlich besser, als das Leben zu verlieren –, dann haben wir wieder Ideen, wie mit den meistens sehr konkreten Problemen umzugehen ist. Den anderen Menschen, der Weltsituation, nicht so viel Macht zu geben, dafür sich selber etwas zu ermächtigen, das kann helfen. Wir können trotzdem scheitern, aber wenigstens haben wir Lösungen gesucht.

Nicht nur andere Menschen sind hilfreich im Zusammenhang mit der Bewältigung von Angst. Wir können uns auch daran erinnern, wie wir schon früher in Angstsituationen Lösungen gefunden haben; wäre uns dies nicht gelungen, hätten wir möglicherweise nicht überlebt. Wir können auch in unserem Leben nach Situationen suchen, die uns geholfen haben zu überleben, nach Ressourcen.

In der Angst erfahren wir unsere Identität zunächst im Modus der Hilflosigkeit, die das Bewusstsein wecken kann, für die eigene Identität einstehen und geradestehen zu müssen: In großer Angst spüren wir, dass wir, wenn wir dieser Angst nachgeben, es verpassen, wir selbst zu sein. Der Mut zur Angst, das ist auch der Mut zum Selbstsein. Dafür brauchen wir dann auch wieder den Ärger und die Aggression. Wir sind dann nicht mehr Opfer, aber auch nicht einfach Angreifer, sondern wir gestalten unser Leben trotz Bedrohung.[44]

Freude

In der Freude erleben wir unsere Identität im Modus des Bekommens und des Akzeptierens, aber auch im Modus der Verbundenheit mit anderen.

Wir stellen uns eine Situation in unserer Kindheit vor, in der wir große Freude oder auch freudigen Stolz erlebt haben. Wir können auch an eine aktuelle große Freude denken, vielleicht auch eine Vorfreude. Wie verändert die Vorstellung dieser Emotion das Gefühl und die Gestimmtheit? Sich eine Situation in der Kindheit vorzustellen, bietet sich deshalb besonders an, weil Kinder die Gefühle der Freude nicht kontrollieren, wir können uns da ungehemmt freuen, und in der Vorstellung können wir Anleihe machen bei dieser überschwänglichen Freude, die wir selbst als Kinder gehabt haben.

Wenn wir uns freuen, dann sind wir im Modus des Bekommens. Wir bekommen etwas, die Welt gibt uns etwas. Das gehört auch zu unserer Erfahrung von Identität: Manches wird einem einfach geschenkt. Wenn wir uns freuen, sind wir erregt, freudig erregt – am meisten bei der Vorfreude. Es ist eine ganz andere Form der Erregung als bei der Angst, es ist eine freudige Erregung.

Wenn wir uns freuen, werden wir leicht, wir hüpfen, wir tendieren in unseren Bewegungen nach oben und in die Weite. Wenn wir uns freuen, gehen die Mundwinkel nach oben, wir lächeln oder beginnen zu lachen. Lächeln ist noch eher der Ausdruck von Freude, Lachen kann auch der Ausdruck von Aggression sein oder von Irritation. Die Augen funkeln, viele Menschen beginnen zu singen, wenn sie sich freuen, Kinder singen dann oft ganz hoch und etwas falsch. Freude tendiert zur Höhe hin – auch beim Singen. Wir alle haben Zugang zu den grundlegenden Emotionssystemen und den daraus entstehenden Gefühlen, aber der Ausdruck der Gefühle wird durch die Erziehung oder dann auch durch die Selbsterziehung geformt, und wir Erwachsenen haben die Tendenz, Freude wenig zu zeigen. Wir kontrollieren die Freude, wahrscheinlich, um keinen Neid zu erregen.

Freude, Freude verbunden mit Stolz, freudiger Stolz – das sind Gefühle gegen die Erdenschwere. Es ist nicht alles tragisch, es muss nicht alles hart erarbeitet werden, manchmal bekommt man das Beste geschenkt, man darf in diesem Leben auch beschwingt sein und dies mit Luftsprüngen ausdrücken.

Was löst Freude aus? Freude an der Freude der anderen löst Freude aus, und damit verbunden ist das Geben und das Bekommen. Vielen Menschen ist es wichtiger, für jemanden ein schönes, passendes Geschenk zu finden, als selbst eines zu bekommen. Freude auszulösen löst wiederum Freude aus. Freude wird mehr, wenn man sie teilt. Freude an der Freude anderer löst einen Freudenzirkel aus. Wir sind im Modus des Gebens und des Bekommens und fühlen uns reich. Finden im weitesten Sinne – oder auch etwas erfinden, auch das ist eine Form des Bekommens – löst Freude aus. Menschen freuen sich auch über eine überraschend gute Leistung, über den Ausdruck von Selbstwirksamkeit, nicht nur bei sich selbst, sondern auch bei anderen – wenn der Neid nicht dazwischenfunkt. Mit anderen zusammen etwas gestalten, miteinander spielen, miteinander sprechen, miteinander arbeiten, so dass etwas Neues entsteht, löst Freude aus. Zeit haben, sich hingebungsvoll in etwas hineinknien können, dann angeregt sein, bewegt sein durch Kunst, Musik, Bücher, Vorträge, Natur usw. – das ist alles „bekommen".

Freundliche Blicke, liebevolle Berührungen lösen Freude aus. Das geht auch schon wieder ganz weit in die Beziehung hinein. Wir freuen uns auch, wenn Qualen vorbei sind, wenn der Schmerz weg ist.

Grundsätzlich: Freude entsteht, wenn das Leben überraschend besser ist als erwartet, schöner, stimmiger. Dieser Modus des Bekommens ist mir so wichtig, weil das Leben in dieser Emotion als eine Gabe verstanden wird. Man muss nicht etwas loslassen, hergeben wie in der Trauer oder beim Sichtrennen, man muss nicht kämpfen wie beim Ärger, sich nicht schützen und ermutigen wie bei der Angst, sich nicht verstecken wie bei der Scham, man kann einfach sein und genießen.

Die psychologische Wirkung des Freuens ist: Wir sind einverstanden mit uns selber und mit der Welt, mit anderen. Wir sind einverstanden mit unserer Identität im Zusammenleben mit anderen und mit der Welt. Die eigene Identität ist einem da nicht bewusst, man muss nichts daran verändern – es ist einfach gut. Wir haben auch ein ausgeglichenes Selbstwertgefühl, müssen gar nicht danach fragen, weil es selbstverständlich gut ist in diesen Situationen. Man ist bedeutsam, ohne dass man etwas Bcdcutsamcs leisten muss, man ist voll Selbstvertrauen und erlebt sich als selbstwirksam. Und weil wir einverstanden sind mit uns, mit unserer Innenwelt, mit der Welt ergibt sich daraus eine freundliche Verbundenheit mit anderen. Das ist ja das, was an den sich freuenden Menschen bekrittelt wird: dass, wenn wir uns freuen, wir uns zu schnell verbrüdern und verschwestern, wir unkritisch sind. Das kann man aber auch anders sehen: Diese freundliche Verbundenheit bringt Solidarität und Hilfsbereitschaft und eben Freundlichkeit, den freundlichen Blick aufeinander. Wir haben ein gutes Selbstwertgefühl, ohne etwas hermachen zu müssen. Wir sind mit dem, was wir im Moment sind und was andere uns spiegeln, einfach einverstanden. Und wir sind selbstwirksam, sind überzeugt davon, dass man das Leben gestalten kann, dass man Lösungen auch für schwierige Probleme finden kann. Das Leben wird als sinnvoll erlebt, man hat Energie, etwas zu gestalten – aus Freude und nicht aus Ärger.

Mir ist das so wichtig, weil die Freude eine Emotion ist, die die Angst aushebelt; in der Freude erwarten wir auch nichts Böses – manchmal sind wir vielleicht dann wirklich zu naiv –, aber die Freude ist das Gegenmittel gegen diese grassierenden Verschwörungsbefürchtungen, gegen die Paranoia.

Angesichts von Schwierigkeiten fragen wir ja immer nach Abhilfe. In unseren Emotionen stecken viele Anregungen, wie wir mit dem Leben umgehen können. Die Frage ist mehr, wie wir in Kontakt kommen mit unserer Freude, auch mit der Vorfreude, und damit eng verbunden auch mit dem Interesse. Grundsätzlich freuen wir uns recht oft, aber wir nehmen uns nicht die Zeit, es wahrzunehmen. Wir gehen einfach so darüber hinweg. Was uns ärgert, ist zeitintensiv: Um mit dem Ärger umzugehen, investieren wir viel Zeit, und das ist auch gut so. Es wäre aber wohl hilfreicher und gesünder, sich mehr Zeit für die Freude zu nehmen, dafür, Erlebnisse, die Freude ausgelöst haben, immer wieder in der Vorstellung zu beleben. Freuden, die man erlebt hat, kann man sich sehr leicht immer wieder vergegenwärtigen. Meistens erzählen wir einander, was uns gefreut hat. Man kann es aber nicht jemandem erzählen, der oder die neidisch ist, dann wird die Freude gleich verdorben werden. Die freudige Erregung wird gelöscht – man ist dann wie abgelöscht. Freude kann einem verdorben werden, und das tut weh. Aber wenn man Menschen, die sich herzlich mitfreuen, etwas erzählen kann, dann wird die Freude sehr viel mehr.

Emotionen stecken an. Wenn einige Menschen ärgerlich sind, dann ärgert man sich plötzlich auch, obwohl man gerade noch ganz anders gestimmt war. Man hat keinen Grund, ärgerlich zu sein, findet dann natürlich rasch einen, aber eigentlich ist man angesteckt. Und man kann sich auch leicht mit Angst anstecken: Eine Gruppe, die sehr ängstlich ist, verströmt diese Stimmung, und es ist schwierig, sich dieser ängstlichen Stimmung zu entziehen. Man muss bewusst die Stimmung wahrnehmen, die anderen Menschen wahrnehmen, verstehen, warum sie ängstlich sind und sich für sich selber davon distanzieren. Sich mit Freude anzustecken, wäre sehr schön und gewollt. Und es gibt das ja auch: Man trifft freudige Menschen oder einfach freundliche Menschen, die einen mit ihrer Heiterkeit einen. Man kann sich aber auch bei sich selber anstecken: Die Frage, was einen als Kind mit Freude oder mit freudigem Stolz erfüllt hat, führt uns zur Freude der Kindheit, und wir können in Kontakt kommen mit dieser Freude, uns diese Freude vergegenwärtigen und uns mit der eigenen frühen Freude anstecken. Als Kind erlebt man sehr viel Freude, auch Kinder mit einer schwierigen Kindheit erzählen – vielleicht gerade im Kontrast zu den Schwierigkeiten – von vielen Freuden. Natürlich sollte man dann nicht das suchen, was nicht freudig war und was sich leicht finden lässt, sondern gezielt die Freuden suchen und sich diese wieder vergegenwärtigen.

Jaak Panksepp, der affektive Neurowissenschaftler, der davon ausgeht, dass wir die basalen Emotionssysteme mit den Tieren teilen, ist der Ansicht, dass so viele Menschen depressiv seien, weil sie viel zu viel im Ärger- und im Angstsystem leben und die Systeme von Freude, Interesse und das Spiel zu wenig berücksichtigen würden. Seine Idee ist, dass die gesamten Emotionssysteme zum Zuge kommen sollten, dass die verschiedenen Emotionen auch einander ausbalancieren könnten, so dass wieder ein Gleichgewicht entsteht. Einseitigkeiten entstehen durch Einseitigkeiten in den Herkunftsfamilien, wenn z.B. ein Überhang an Angst und Ärger besteht und die Kinder natürlich emotional angesteckt werden. Die Idee, diese Einseitigkeiten zu kompensieren, leuchtet ein, wird auch von vielen Psychotherapieschulen vertreten. So sieht C. G. Jung als einen Grund für psychische Schwierigkeiten, dass das Leben zu einseitig geworden ist. Und diese Einseitigkeit kann man sehr gut daran aufzeigen, dass nur bestimmte Emotionen und Gefühle gelebt werden, andere, wie eben etwa die Freude, in den Hintergrund treten. Es sind aber nicht nur die Herkunftsfamilien, die einseitige Emotionssysteme favorisieren, es ist auch die jeweilige Gesellschaft. So wurde die Freude lange als eine unwichtige Emotion abgetan, als etwas Romantisches – im Moment wird sie geradezu gefordert, was auch nicht besonders hilfreich ist.

Dankbarkeit

Aus den vorherrschenden Emotionen und Gefühlen entwickeln sich auch Haltungen: Aus der Freude und der damit verbundenen Überzeugung, dass das Leben auch besser sein kann als erwartet, dass man auch etwas bekommt, auch von anderen Menschen, kann eine Haltung der Dankbarkeit werden – Dankbarkeit nicht aus Pflicht, nicht, weil man dankbar sein *muss*, sondern Dankbarkeit aus Freude. Im Modus des Bekommens freuen wir uns über unverhoffte Gaben, über Erfahrungen, die uns bereichern, glücklich machen, und sind dann dankbar dafür. Über Dankbarkeit reflektieren wir oft wenig, aber wir handeln entsprechend. Wir freuen uns über etwas, drücken das mit einer Geste der Freude aus – etwa einem Aufstrahlen –, es folgt eine lächelnde, freundliche Interaktion, manchmal eine leichte Berührung oder eine Umarmung. Alle diese Gesten sagen in etwa: Ich lasse dich wissen, dass du die Ursache meiner Freude bist, und dafür danke ich dir mit meiner Freude. Man kann auch noch bewusster Dankbarkeit spüren und sie ausdrücken. Man kann dem anderen Menschen dankbar sein, dem Leben gegenüber, aber auch sich selber gegenüber.

Dankbar zu sein heißt auch, sich einzugestehen, dass man nicht alles allein machen kann. Ich drücke den anderen Menschen gegenüber aus, dass es uns ohne ihr Zutun, ohne ihre Gabe weniger gut ginge, dass sie mit zu einem guten Leben verhelfen. Und jetzt können wir das auch gönnend ausdrücken und dem anderen Menschen dadurch Freude bereiten, oder wir können geizen mit dem Ausdruck von Dankbarkeit, vielleicht auch deshalb, weil wir eh der Ansicht sind, immer zu wenig zu bekommen, auch dann, wenn wir etwas bekommen.

Dankbarkeit hat einen Zusammenhang mit Lebenszufriedenheit. Arbeitet man psychotherapeutisch mit Menschen, die einen großen Verlust erlitten haben, macht es einen ganz großen Unterschied, ob diese Menschen im Laufe der Zeit auch merken können, wie dankbar sie sind für das, was es in der verlorenen Beziehung an Gutem, Anregendem gegeben hatte.

Trauer

Das Trauern ist die emotionale Reaktion auf einen Verlust. Wenn wir trauern, sind wir im Modus des Loslassens. Wir sind nicht einfach nur traurig, das Trauern ist ein komplexer emotionaler Prozess. Wenn wir einen Menschen verloren haben, der uns wichtig war, oder wenn wir etwas Bedeutsames im Leben aufgeben mussten, dann haben wir eine Identitätskrise. Diese Identitätskrise hängt damit zusammen, dass wir Menschen zusammenwachsen. Sind wir länger oder intensiver mit einem anderen Menschen verbunden, geht es nicht nur um die Identität von uns selbst, sondern auch um die Identität in der Beziehung. Es geht nicht nur um das eigene Selbst, sondern auch um das Beziehungsselbst. Dieses Beziehungsselbst mit diesem speziellen Menschen kommt zu einem Abschluss, wenn dieser Mensch nicht mehr in unserem Leben ist. Wenn wir den Verlust eines für uns wichtigen Menschen verkraften müssen,

müssen wir diesen Menschen gehen lassen, wir müssen ihn oder sie loslassen. Wir sind im Modus des Loslassenmüssens, im Modus des Hergebenmüssens, der der Freude entgegengesetzt ist. Psychologisch gesehen müssen wir uns von einem Beziehungsselbst zu unserem individuellen Selbst zurückorganisieren, und dies ist ein ganz wichtiger Moment in unserer Erfahrung von Identität: Wer bin ich, wenn ich nicht mehr mit diesem Menschen zusammen bin?

Das Beziehungsselbst ist ein Selbst, das nicht nur mein Selbst ist, auch nicht nur das Selbst des anderen, sondern es ist ein gemeinsames Selbst, das durch die gelebte Beziehung entsteht und sich mit der Beziehung auch immer wandelt. Das Beziehungsselbst ist ein Konstrukt, es ist der Aspekt der Identität, der durch die engagierte, wechselseitige Beziehung zu einem anderen Menschen geworden ist. Es ist ein Ausdruck für die gewachsene Beziehung – und auch für die Art der Beziehung – in der Psyche des Einzelnen. Das heißt: Jeder hat ein anderes Beziehungsselbst.

Wenn der für uns wichtige Mensch stirbt, verlieren wir die Beziehung, und damit kommt das Beziehungsselbst zu einem Abschluss, es kann sich nicht mehr weiterentwickeln, weil die Beziehung nicht mehr weitergeführt werden kann.

Das Beziehungsselbst entsteht dadurch, dass Menschen, die miteinander eine Beziehung haben, sich ansehen – im Auge des anderen, der anderen sehen auch wir uns selbst, im Blick des anderen leben wir, fühlen wir uns bestätigt, in Frage gestellt, als etwas Besonderes gesehen. Jeder Mensch schaut uns in einer ganz besonderen Weise an. So, wie der verstorbene Mensch uns angesehen – und damit auch gesehen – hat, so schaut uns niemand mehr an. Andere Menschen werden uns anders ansehen, aber nicht mehr so. Mit diesem den anderen Sehen und auch Angesehenwerden verbunden ist eine wechselseitige Belebung von Persönlichkeitsanteilen im Laufe der Zeit.[45] Das Beziehungsselbst ist dynamisch, verändert sich mit der Zeit und mit der Beziehung.

Das Beziehungsselbst wird durch die gelebte Ich-Du-Beziehung geformt, besonders durch das wechselseitige Wahrgenommenwerden und die damit verbundene, kaum wahrnehmbare, aber bedeutsame Versicherung der jeweiligen Identität des Einzelnen in der Entwicklung.[46] Jeder der beiden erlebt dieses Beziehungsselbst aus der eigenen Perspektive, auch wenn es als „gemeinsam" erlebt wird. Natürlich gibt es auch in einer engen Beziehung Selbstanteile, die durch die Beziehung nur wenig oder nicht beeinflusst sind. Es geht in einer Partnerschaft aber immer auch darum, die eigene Individuation, das Selbstsein, nicht zu vernachlässigen. Denn im Trauerprozess, in einem langwierigen, schmerzhaften Prozess, muss man sich auf das eigene Selbst so zurückbeziehen, dass man möglichst viel von dem, was in der Beziehung gewachsen und in einem belebt worden ist, ins eigene Leben übernehmen kann.

Ausdruck des Beziehungsselbst sind die Werke, die man miteinander vollbracht hat. Das können Kinder sein, es können Unternehmungen sein, etwas, das man miteinander aufgebaut und gestaltet hat, Pläne, Ideen, die auch in die Zukunft weisen: „Was werden wir einmal miteinander auf die Beine gestellt haben, was werden wir miteinander gestaltet haben?“ Und zwar wirklich miteinander – dadurch, dass wir einander angeregt haben, herausgefordert haben, aufgeregt haben. Vielleicht haben wir auch Dinge gestaltet, an denen der Partner, die Partnerin kaum Anteil hatte – das war dann unser ganz Eigenes, das zu unserem Selbst gehört –, aber in den meisten Beziehungen können auch deshalb Dinge realisiert werden, weil man einander anregt, weil es diese Wechselwirkung zwischen den Partnern gibt.

Die Entwicklung des Beziehungsselbst muss aber nicht immer mit viel Arbeit verbunden sein: Freude an kulturellen Ereignissen kann sich ereignen, weil man zusammen das Interesse aufbringt, das es braucht, um eine gewisse Idee weiterzuverfolgen. Das Beziehungsselbst erlaubt es, dass Projektionen über lange Jahre aufrechterhalten werden, ohne dass sie dringend zurückgenommen werden müssen. Der Mann, der überzeugt davon ist, dass seine Frau geizig ist, und der etwas darunter leidet, aber auch einverstanden damit ist, stellt, als die Frau gestorben ist, fest, dass er ohne sie geradezu grotesk geizig ist.

Dasselbe gilt für die Delegationen: Man hat in der Beziehung mehr oder wenige deutlich ausgemacht, wer für welche Gebiete des Lebens zuständig ist – und man belässt es dabei: der fast Neunzigjährige, der feststellt, dass er keine Geschenke kaufen kann, weil das immer seine Frau gemacht hat. Der es dann noch lernt und sich darüber ärgert, dass seine Frau etwas so Schönes ganz für sich usurpiert hat. Dabei muss er zugeben, dass er das über Jahrzehnte hinweg als „Weiberkram“ abgetan hatte.

Zum Beziehungsselbst gehören – und das ist der wichtigste Aspekt des Beziehungsselbst – Eigenheiten und Entwicklungen, die durch die Beziehung aus dem anderen herausgeliebt worden sind.

Dieser Aspekt des Beziehungsselbst geht meistens zurück auf die Zeit des sich Verliebens. Wenn sich zwei Menschen verlieben, dann sehen sie die besten Möglichkeiten in den anderen hinein – und das muss keine Blindheit der Liebe sein, wenn es auch idealisierend sein mag –, sondern es werden Entwicklungsmöglichkeiten gesehen, die da sind und die im Laufe der gemeinsamen Beziehung auch realisiert werden können. Das ist z.B. der Mann, der erzählt, dass er, bevor er seine Frau kennengelernt hatte, ständig aggressiv die Menschen anging, so richtig „stachelig“ war, gefürchtet wurde und sehr allein war. Dann traf er seine Frau, die ihm sehr rasch klar machte, dass er diese Stacheligkeit doch gar nicht nötig habe, dass es zwar sehr schön sei, dass er sich so mutig anderen stelle – er habe einen wunderbaren Mut –, und dieser Mut, zusammen mit der Freundlichkeit, die ihn auszeichne, das sei doch genug … Seine Angst war nun, dass er, da seine Frau gestorben war, wieder so stachelig werden könnte. Er muss aber nicht. Das, was Menschen, mit denen wir ein Beziehungsselbst, eine Identität in der Beziehung entwickelt haben, in uns belebt haben oder aus uns „herausgeliebt“ haben, müssen wir nicht verloren geben. Wir können es als einen Aspekt unserer Identität verstehen, den wir dieser Beziehung zwar maßgeblich verdanken, mit dem wir aber auch die Zukunft gestalten können.

Sich von einem Beziehungsselbst auf das individuelle Selbst zurückzuorganisieren – was aber natürlich auch ein verändertes Selbst ist, auf eine neue Identität, ohne die alte Identität ganz zu verlieren –, ist die Entwicklungsaufgabe, der man sich im Trauerprozess zu stellen hat.

Als zusätzliche Schwierigkeit kommt oft dazu, dass für viele Menschen der Partner oder die Partnerin, den bzw. die sie verloren haben, auch ihre alleinige Bindungsperson war. Die Bindungsperson ist die Person, zu der wir hingehen, wenn etwas Schwieriges passiert, eine Person, der wir vertrauen können, mit der wir offen reden können, auch über Gefühle, die wir sonst nicht so leicht teilen. Haben wir mehrere Bindungspersonen, dann sind wir in einem Netz von Fürsorglichkeit aufgehoben. Menschen, die sich auf eine Bindungsperson konzentriert haben, verlieren nicht nur einen Menschen, sondern sie verlieren auch den Menschen, mit dem sie sich entängstigen konnten. Und das führt unter anderem gelegentlich auch zu komplizierten Trauerprozessen.

Im Trauerprozess erleben wir viele verschiedene Emotionen: Wir sind weit mehr als nur traurig, wir spüren Angst, sind wütend, wir haben Schuldgefühle, aber auch Freude und Mischungen von einigen Emotionen. Das heißt, wenn wir davon ausgehen, dass jede vorherrschende Emotion und die damit verbundenen Gefühle uns dazu bringen, bestimmte Aspekte der Identität neu in den Blick zu nehmen und zu verändern, dann werden im Trauerprozess sehr viele Aspekte der Identität neu bearbeitet.

Zum eigenen Selbst, zur neuen Identität kommt man unter anderem durch die Geschichten, die wir im Trauerprozess gerne erzählen. Trauernde erzählen, wie sie mit dem verstorbenen Partner, der Partnerin gelebt haben, erzählen von beglückenden oder auch typischen Erfahrungen, die sie miteinander gemacht haben, sie erzählen von sich und dem anderen Menschen, auch von Schwierigkeiten. In diesen Geschichten, wenn sie denn gut, d.h. vorstellungsbezogen und mit Gefühlen gefüllt erzählt werden, wird nach und nach erlebbar, was verloren gegangen ist, aber auch, was in der Beziehung gewachsen ist, was nicht aufgegeben werden muss, aber in einer anderen Form gelebt werden will. Manche Menschen sprechen nicht von einem Du und einem Ich, sondern nur von einem Du; das Beziehungsselbst – und damit die Identität in der Beziehung – scheint ganz vom Partner bestimmt worden zu sein: „Ja, und dann waren wir in Italien. Und Sie wissen ja, mein Mann konnte so wahnsinnig gut Italienisch. Und dann hat er angefangen herumzuflirten. Und es war eine tolle Atmosphäre …“ usw. Und irgendwann fragt man dann als Therapeutin: „Waren Sie auch dabei?“ Die Frage ist ja immer: Sind wirklich Ich und Du da? Und bei manchen Menschen muss man immer wieder sagen: „Und wo waren Sie?“ Das sind die Menschen, die bereit sind, für den anderen die Identität aufzugeben.

Es gibt auch das Gegenteil: Es gab nur sie selber in der Beziehung und sie erzählen davon, was sie alles Tolles angeregt haben. Das kann zu Schwierigkeiten im Trauerprozess führen.

Grundsätzlich ist es so, dass wir im Trauerprozess über das Loslassenmüssen trauern, aber so trauern, dass das, was man in der Beziehung bekommen hat, auch gesehen wird, weiter wertgeschätzt wird. Dankbarkeit und Schmerz werden gleichzeitig erlebt. Was vom Beziehungsselbst, was von der gestalteten Beziehung kann ein Aspekt einer neuen Identität sein?

Der Trauerprozess ist ein schwieriger, emotional belastender, lange dauernder Prozess der Veränderung von Identität. Trauernde, die sich diesem Prozess gestellt haben, beschreiben aber auch die Veränderungen, sie können mitteilen, was die neue Identität in etwa ausmacht.

Wachsen an einem Schicksalsschlag

Wie wird dieses Wachsen nach der Auseinandersetzung mit einem Schicksalsschlag beschrieben?

Menschen, die einen Trauerprozess durchgestanden haben, sprechen deutlich von den positiven Veränderungen, die sie an sich mit freudigem Stolz bemerken. In diesen Prozess der großen Veränderung wird man hineingeworfen. So sagte einmal eine Trauernde anklagend: „Und niemand hat mich gefragt …" Das Schicksal fragt nicht, es fordert heraus. Wenn Trauernde spüren, dass sie mehr zu sich selber gefunden haben, abgelöst sind vom Verstorbenen, dass vieles, was durch die Beziehung zum Verstorbenen im Laufe der Beziehung geweckt worden oder gewachsen ist, ins eigene Selbst integriert worden ist,[47] dann ist damit gut benannt, inwieweit man sie als „gereifter“ verstehen kann. So wie jeder Mensch auf seine oder ihre Weise trauert, wird auch der Gewinn aus diesem Prozess – trotz des Schmerzes – auf je eigene Weise ausgedrückt. Gemeinsam ist den meisten allerdings, dass sie zwar den Schmerz stark spüren, aber gleicherweise auch neue Möglichkeiten wahrnehmen können, die daneben bestehen.

Woran merken Menschen, dass sie sich durch eine schwierige Lebenssituation auch zum Besseren hin verändert haben?

Ganz grundsätzlich berichten Menschen davon, dass sie das Leben mehr wertschätzen als zuvor, dass es ihnen kostbarer, weniger selbstverständlich ist. Verbunden mit dieser Erfahrung ist das Erleben von mehr Freude. Fragt man genauer nach, dann wird Freude an der Natur genannt, Freude an Beziehungen, Freude an der Kultur, Freude, dass man noch eine verheißungsvolle Zukunft hat, dass noch so vieles möglich ist. Es zeigt sich auch in konkreten Lösungen, die für Probleme gefunden worden sind, in neuen Wegen, die begangen werden, schon gewählt worden sind oder zumindest angedacht werden.

Die Beziehungen zu den ihnen wichtigen Menschen werden von Menschen nach der Krise bewusster wahrgenommen und erlebt, als näher und wärmer beschrieben, Gefühle der Dankbarkeit werden benannt. Dies besonders dann, wenn es den Menschen in der Krise und nach der Krise bewusst wird, wie sehr es ihnen geholfen hat, sich mit anderen Menschen auszutauschen, darüber zu sprechen, sich anderen in ihrer Not und Ausweglosigkeit zu zeigen – und Zuwendung zu bekommen. Verbunden damit wird oft ausgedrückt, wie wichtig die Beziehung zu Menschen ist, wie viel man freundlichen, hilfsbereiten Menschen verdankt und dass man sich selber auch mehr den Nöten der Mitmenschen zuwenden möchte.

Wer in einer Krise erlebt hat, dass nicht nur Mitmenschen, sondern auch die eigene Innenwelt äußerst hilfreich war in der Auseinandersetzung mit Krisen, wird auch eine neue Beziehung zur ihr entwickeln, zur Möglichkeit, aus Träumen Anregung zur Bewältigung von aktuellen Schwierigkeiten zu finden, überhaupt ein lebendiges Innenleben zu haben, so dass große Einseitigkeiten immer wieder ausbalanciert werden können. Er wird wertschätzen, dass in einer Krise auch innere Kompetenzen wie die Emotionsregulierung – das Umgehen mit sehr schwierigen, überwältigenden Emotionen – durch die Arbeit mit Symbolen, etwa durch Imagination oder durch Malen, entwickelt werden können.

Grundsätzlich wird ein neues, besseres Selbstwertgefühl erlebt, verbunden mit der Erfahrung von mehr Selbstwirksamkeit, dem Gefühl, etwas im eigenen Leben bewirken zu können, auch schwierigen Situationen gewachsen zu sein. „Ich habe das durchgestanden, jetzt kann mich nicht mehr so schnell etwas umwerfen." Dieses bessere Selbstwertgefühl, nicht nur im Zusammenhang mit dem Erleben von mehr Kompetenz, sondern auch im Erleben von Mut zur Existenz ganz allgemein, ist verbunden mit einem unabweisbaren Bewusstsein der eigenen Verletzlichkeit, dem Wissen darum, dass sich alles auch ganz schnell verändern kann.

Alle diese Veränderungen bewirken, dass andere Prioritäten gesetzt werden, dass neu bewertet wird, was wirklich wichtig ist im Leben, verbunden mit einem neuen Selbst- und Weltbezug.

Existenzielle Fragen stellen sich: Was ist der Sinn des Lebens? Aber auch: Welchen Sinn will ich meinem Leben geben, angesichts von Krankheit, Tod, Destruktion? Die herausfordernde Lebenserfahrung wird in die Biografie, in die Geschichte des eigenen Lebens eingewoben, als eine Erfahrung, die die eigene Identität in einer bedeutsamen Weise geprägt hat und ausmacht. Manche Menschen kommen zu dem Schluss, dass das Leben keinen Sinn hat, dass sie aber, gerade auch durch die Erfahrungen, die sie gemacht haben, trotzdem ihrem eigenen Leben Sinn geben können. Alle diese Überlegungen kumulieren in der Frage, wofür man sich in der Zukunft einsetzen will. Die Frage nach dem Sinn bringt Menschen dazu, sich mit ihrer Spiritualität entweder erneut auseinanderzusetzen oder aber sich überhaupt spirituelle Fragen zu stellen.[48]

Neid

Wenn wir neidisch sind, leben wir im Modus des Vergleichens, wir vergleichen uns mit anderen, und man möchte eigentlich ein anderer oder eine andere sein, weil die es besser zu haben scheinen. Aus dem Vergleichen mit anderen entsteht unser Bewusstsein von unserer Identität, von unserem Andersseins als der andere. Wenn wir neiden, sehen wir nicht, dass wir *anders* sind, so wie wir sind, sondern wir sehen uns unter dem Aspekt von *besser und schlechter*, und der Vergleich fällt zu unseren Ungunsten aus. Neiden wir, dann sind wir erfüllt von der Überzeugung, „immer" zu kurz zu kommen und schon immer zu kurz gekommen zu sein. Die Menschen, die wir beneiden, haben hingegen alles, ihnen fällt alles zu, ohne eigenes Zutun, als hätte die Große Mutter ihr Füllhorn über sie ausgeschüttet: Alles gelingt ihnen, alles können sie, sie sind schneller, sie sind besser – obwohl sie es nicht verdient haben, und das ist im hohen Maße ungerecht. Zu diesem Gefühl der Ungerechtigkeit kommt die innere, fast zwanghafte Überzeugung hinzu, man selbst müsste das alles haben, könnte es auch haben, wenn nicht der Beneidete einem das Licht nähme. Das verbindet sich mit Ärger und mit uneingestandener Scham, die das Selbstwertgefühl noch zusätzlich mindern.

Die Überzeugung, zu kurz zu kommen, der innere Zwang, es den anderen gleich tun zu müssen oder sie zu übertrumpfen, ohne fähig zu sein, es zu tun – weil auch die Sicht auf den anderen eine unrealistisch übertriebene ist –, quält den Neider oder die Neiderin. Neidend sind wir im Modus des Vergleichens, des Beraubtwerdens und des Gequältseins.

Was ist der Sinn des Neidens? Neid ist eine Anfrage an sich selbst: Mache ich genug aus meinem Leben? Inwiefern schreckt mich der Neid auf? Das Vergleichen könnte auch dazu führen, dass der Blick auf sich selbst geschärft wird. Was ist besonders an mir, was mag ich an mir? Wenn ich nicht neidisch bin, sondern gönnend – niemand ist durch und durch nur neidisch –, womit bin ich zufrieden?

Gewisse Fakten in Bezug auf unsere Identität müssen wir akzeptieren und uns dazu verhalten. Es gibt einfach Fakten, etwa in welche Familie man hineingeboren wurde und in welcher Zeit, in welcher politischen Situation. Das sind Fakten, die nicht zu verändern sind. Es ist, was es ist, aber man kann sich dazu verhalten. Diese Fakten erklären manches am eigenen Gewordensein, immer aber haben sie auch ungenutztes Potenzial. Das zu sehen, ist der andere Blick: Es fehlt natürlich immer etwas, es ist aber immer auch etwas möglich.

Und diese Frage stellt uns der Neid: Macht der Mensch, den ich beneide, etwas, was ich auch könnte, vielleicht in abgewandelter Form, wenn ich mich trauen würde? Es ist die Frage nach den verborgenen Potenzialen. Manchmal muss man auch einfach eine falsche Selbsteinschätzung korrigieren. Gelegentlich schätzen wir uns selber etwas zu großartig ein, auch das ist ein Aspekt der Identität. Wenn wir zu lange nicht einzulösende Größenideen von uns haben, werden die Forderungen an uns selber viel zu groß. Ein Beispiel: Sie können zwar sehr gut Klavier spielen, aber Sie haben keine Künstlerkarriere gemacht. Insgeheim denken Sie, dass Sie eigentlich besser sind als viele, die gefeiert werden, und sind neidisch, unzufrieden und in der Folge äußerst kritisch Klaviervirtuosen gegenüber. Sie können es gar nicht genießen, wenn jemand wunderschön spielt, Sie können auch nicht zugeben, dass das etwas ganz Besonderes ist. Sie sind zerfressen vom Neid. Da braucht es eine Korrektur im Selbstbild: Sie mögen sehr gut im Klavierspielen sein, aber es reicht nun einmal nicht für eine Pianistenlaufbahn. Und wenn Sie aufhören, sich mit jemandem zu vergleichen, mit dem Sie sich einfach nicht vergleichen können, dann können Sie sich freuen an dem, was Sie können, und Sie können sich auch an außerordentlichen Leistungen von anderen freuen.

Wer neidet, spürt angesichts eines anderen Menschen, der etwas hat, kann, bekommt, ein plötzliches, schmerzhaftes Begehren, das, was aus der Ruhe aufstört, auch zu bekommen. Durch dieses Begehren spüren wir einen Mangel bei uns, wir vergleichen uns mit anderen und stehen unter dem Eindruck, ungerechterweise zu kurz zu kommen. Unser Selbstwertgefühl kann dadurch von einem Moment zum anderen verunsichert sein: Wir fühlen uns zurückversetzt, gelähmt – und spüren gleichzeitig die Notwendigkeit, mindestens so gut, so erfolgreich sein zu müssen wie andere.

Die Qualität des Neidens hängt also wesentlich vom Gefühl des Selbstwerts und vom damit verbundenen Gefühl des Selbstseins, der Identität, ab. Und zwar davon, wie diese Gefühle habituell, im Laufe des Lebens, geworden sind, aber auch wie die jeweilige aktuelle Lebenssituation sich darstellt. Je autonomer wir sein können und je besser wir auch in Beziehungen vernetzt sind, je besser wir unser originäres Selbst oder unser wahres Selbst leben können, desto gefestigter ist unser Selbstwertgefühl, desto realistischer und wohlwollender unser Selbstkonzept, desto weniger müssen wir destruktiv neiden.[49]

Neid tötet die Freude und damit das glückhafte Selbsterleben. Wir verhalten uns dann so, dass wir in der Tat nichts mehr vom Leben bekommen. Gönnend werden hilft.

Scham

In der Scham sind wir im Modus des Gesehenwerdens und des Sehens. Wir sind im Auge der anderen und sind den anderen Auge. Wenn wir uns schämen, nehmen wir an, dass der andere uns mit einem bösen, kritischen Blick betrachtet, dass er verneint, was wir sind, was wir tun. Unter diesem beschämenden Blick zerbröselt unser Selbstwertgefühl. Und da fragen wir uns dann sehr genau: Wer bin ich? Die Analyse des Blicks von Jean-Paul Sartre ist hier meines Erachtens erhellend. Sartre beschreibt in seiner Autobiografie *Die Wörter* – „Les Mots" – eine Erfahrung, die bei ihm zu Scham geführt hat:[50] Er erlebte als Kind die Erwachsenen als sehr aufmerksam für das Tun des Kindes, sein Verhalten kritisch im Auge behaltend. Und dann fügt er an: Aber auch, wenn die Erwachsenen nicht mehr im Raum sind, wenn sie draußen sind, bleiben die Augen da. Sein Erleben ist, dass er immer unter den Augen, unter den taxierenden Augen der Erwachsenen ist, entweder real, oder das Kind hat diese kritischen Augen so verinnerlicht, dass es immer unter diesen kritischen Blicken lebt.

Unter diesen kritischen Blicken, so Sartre, zerbröselt das Selbstwertgefühl. Dieses muss dann wiederhergestellt werden. Man kann versuchen, außerordentlich perfekt zu sein, damit niemand etwas an uns sieht, was nicht in Ordnung ist. Oder wir verstecken uns einfach und hoffen, nicht entdeckt zu werden von den Augen der anderen. Oder aber wir werden ärgerlich und kämpfen im besten Fall – im schlechteren Fall werden wir destruktiv. Jean-Paul Sartre löste das Problem so, indem er erklärt hat, die Augen der anderen gingen ihn nichts an, was die anderen von ihm dächten, beträfe ihn nicht. Diese Argumentation entwertet die Beziehung.

Ich würde gern mit den freundlichen Augen von Levinas argumentieren. Levinas[51], auch ein französischer Philosoph, ein Zeitgenosse von Sartre, machte geltend, dass wir doch oft auch von freundlichen Augen angesehen werden und dass wir uns dann akzeptiert, wertgeschätzt fühlen. Wir können uns aber auch schämen, wenn Menschen uns freundlich ansehen, weil wir auch im freundlichen Blick des anderen spüren, dass wir über unsere Grenzen gegangen sind. Die Scham zeigt uns dann unsere Schranken auf, die auch oft die Schranken der Gemeinschaft sind, in der wir leben. Es gibt nicht nur die kritischen Augen, es gibt auch freundliche Augen. Wir selber können uns böse-kritisch anschauen, wir können aber auch lernen, uns mit freundlich-kritischen Blicken zu konfrontieren. Natürlich stellt sich auch hier die Frage, ob man als Kind freundlich und kritisch angeschaut worden ist oder nur kritisch bzw. nur freundlich, und dann man wird den jeweils anderen Blick lernen müssen oder können.

Bei der Emotion und dem Gefühl der Scham erleben wir uns im Modus des im Auge des anderen, aber auch im eigenen Auge Gesehenwerdens – und zwar positiv oder auch negativ. Es geht jeweils um die Bewertung unseres Soseins, und das Gefühl der Scham zeigt uns einen Bruch im Selbstverständnis an. Da, wo uns etwas peinlich ist, ist ein Thema, das uns etwas angeht.

Emotionen und Gefühle betreffen immer einen bestimmten Aspekt des Selbstseins und des In-der-Welt-Seins – unsere aktuelle Identität. Emotionen geben uns Orientierung, aus Emotionen werden Haltungen, Emotionen zeigen uns, was in Bezug auf Identität angesagt ist. Wir denken dabei nicht an unsere Identität, aber unsere Identität ist immer in Arbeit, und die Emotionen geben die Richtung vor. Wenn man sich auf die Emotionen, auf die Gefühle konzentriert, gibt dies immer wieder einen Anstoß zur Veränderung in Richtung eines besseren Gleichgewichts zwischen uns und der Welt.

8. Identität aus Sicht der Symbolik

Wenn wir die Entwicklung der Identität durch das Leben hindurch aus verschiedenen Blickrichtungen beleuchten, sprechen wir auch von einem Weg zu uns selbst. Identität, Identitätsentwicklung, das ist ein Veränderungsprozess, und das Ziel könnte es sein, die oder der werden, die oder der ich bin, aber noch nie war. Wir sind davon ausgegangen, dass es so etwas wie einen Kern des Menschen gibt, verbunden mit Emotionen und dem Körper, und in diesem Kern sind Potenzialitäten, sind Möglichkeiten – zwar nicht alle, aber viele von ihnen. Möglichkeiten, die in uns angelegt sind, können im Laufe des Lebens mehr oder weniger realisiert werden. Dabei geht es nicht darum, dass alles immer mehr wird; gerade bei den Lebensübergängen wurde deutlich, dass wir immer auch Aspekte von uns loslassen, sterben lassen müssen. Es ist Aufbau und Abbau in einem: Die Entwicklung zum eigenen Leben hin ist dynamisch. Dies wird im folgenden Symbol deutlich: Wir können uns einen Baum vorstellen, und der hat immer auch ein paar Äste, die trocken geworden sind. In einem Sturm brechen diese trockenen Äste ab. Um den Baum lebendig zu erhalten, kann man diese trockenen Äste auch einmal absägen.

Die zu werden, die ich bin, aber noch nie war, heißt, dass es nicht einen bestimmten Moment gibt, zu dem ich sagen kann: So, jetzt habe ich meine Identität gewonnen. Es mag viele Momente geben, in denen wir uns als identisch mit uns erleben, auch ein fraglos gutes Selbstwertgefühl haben, uns in Resonanz mit unserer Mitwelt und Umwelt fühlen. Wir können uns für eine kleine Zeit wirklich ganz bei uns und verbunden mit der Welt um uns herum fühlen. Dann haben wir auch das Gefühl von einer tiefen Sinnhaftigkeit des Lebens; unser Leben ist dann auch sinnvoll. Und dann verlieren sich diese Erfahrungen wieder, andere Emotionen und Gefühle werden dominierend, meistens in Verbindung mit Konflikten. Wir stellen uns der Herausforderung, passen uns wieder neu an unsere Innenwelt und die Forderungen der anderen Menschen an, und es ergibt sich wieder eine neue Erfahrung, in der wir bei uns, ganz bei uns selbst sind.

Punktuell tarieren wir die Bedürfnisse unserer Innenwelt und die der Außenwelt aus. Punktuell: Da passt etwas nicht zu mir, da mache ich etwas, was mir eigentlich zuwiderläuft, ich werde ärgerlich. Und dann die Reflexion: Warum mache ich, was ich mache und was mich beeinträchtigt und ärgerlich macht? Mache ich es, weil ich dazugehören will? Mache ich es, weil ich muss? In manchen Arbeitsgebieten ist eine gewisse Anpassung einfach notwendig. Und diese Anpassungsforderung kann so sein, dass sie immer in einem gewissen Widerspruch zum eigenen Sosein steht. Dies zu wissen, kann die Situation schon entspannen. Man muss ja nicht immer gleich die Stelle wechseln oder kann es nicht. Es geht um eine punktuelle Adjustierung. Manchmal genügt das Wissen, manchmal muss man wirklich die Haltung ändern.

Der Blick in die Zukunft

Auf diesem Weg zu sich selbst gibt es auch einen Blick in die Zukunft: Wer möchte ich noch sein? Wer möchte ich einmal geworden sein? Wir Menschen haben eine große Vorstellungskraft, mit der wir in die Zukunft vorgreifen können, wenn wir es denn wagen. Was möchte ich in meinem Leben noch wahrnehmen? Den Weg dazu weist die Sehnsucht. Wo geht die Sehnsucht noch hin? Sehnsucht – das ist ein Ausdruck davon, dass immer noch etwas fehlt. Und Menschen fehlt immer etwas, bis sie sterben. Und dies ist wunderbar, denn dass etwas fehlt, heißt auch, dass noch etwas aussteht. Die Frage ist: Wonach sehne ich mich denn eigentlich, was könnte noch in mein Leben treten? Und das könnte das Leben abrunden – gerade im höheren Alter sprechen Menschen oft vom Abrunden des Lebens. Sie wollen noch etwas, das ausgespart war, ins Leben hineinholen. Wir haben in diesem Zusammenhang von möglichen Selbsts gesprochen, von möglichen zentralen Lebensentwürfen: Was an Wichtigem könnte denn bei mir noch anstehen, steht noch aus? Wichtig in dem Zusammenhang ist aber auch: Es ist nicht alles möglich. Gewisse Dinge sind einfach anzunehmen und hinzunehmen. Wir müssen z.B. hinnehmen, dass wir Frau oder Mann sind, aber nicht die Lebensbedingungen für die Geschlechter, die können wir verändern. Und auch wer gendermäßig nicht festgelegt ist, muss diese Nichtfestlegung hinnehmen.

Es gibt einen gewissen Widerspruch: Ich kann auch eine andere sein und werden, ich habe die Freiheit, mich in die Zukunft hinein zu entwerfen – aber einiges ist einfach hinzunehmen. Bei dem, was möglich ist, spielt nun die Neugier eine Rolle, das Spielen, da gibt es Suchbewegungen. Und manchmal kommt es über das Fremde, darüber, dass uns etwas fremd ist und uns eigentlich stört, aufstört und uns aufmerksam macht darauf, dass gerade dieses Störende auch noch eine Möglichkeit wäre.

Symbole der Identitätsentwicklung

Der Prozess der Entwicklung von Identität als Wachstumsprozess kann im Symbol dargestellt und erlebt werden. Aus Sicht von C. G. Jung kann das Leben des Menschen symbolisch verstanden werden: Was immer wir erleben, darstellen, gestalten, verweist auch über die konkrete Ebene hinaus auf einen unbewussten Hintergrund. Das gilt auch für die Individuation und die Entwicklung von Identität: So wie wir – bewusster oder weniger bewusst – unsere Identität darstellen, in unserem Erscheinungsbild, in den Interessen, die wir zeigen, verweist dies jeweils auch auf einen inneren Prozess des immer wieder neu Sich-finden-Müssens, des immer wieder Findens von sich selbst.

Das Wort Symbol stammt vom griechischen Wort *symballein*, das „zusammenwerfen, zusammenfügen" bedeutet. Das Symbol, das *symbolon*, ist von der Begriffsgeschichte her etwas Zusammengesetztes: das sichtbare Etwas einer auch unsichtbaren, ideellen Wirklichkeit. Die Konsequenz davon ist: Alles, was es auf der Welt gibt, alles, was wir erfahren, hat eine tiefere Bedeutung, verweist auf etwas Hintergründiges. Jung sagt dazu: „Ein Begriff oder ein Bild sind symbolisch, wenn sie mehr bedeuten, als sie bezeichnen oder ausdrücken. Sie haben einen umfassenden ‚unbewussten' Aspekt, der sich niemals exakt definieren oder erschöpfend erklären lässt."[52] Symbole sind überdeterminiert, d.h. haben Verbindungen zu vielen möglichen Sinngehalten, deshalb können wir uns immer wieder neu mit einem Symbol beschäftigen und auch neue Bedeutungen finden.

Das Symbol und das in ihm Repräsentierte haben einen inneren Zusammenhang, sie sind nicht voneinander zu trennen. Vordergründiges und Hintergründiges werden miteinander verknüpft. Das heißt, das Materielle ist im Geistigen repräsentiert, das Geistige im Materiellen. Die Unterscheidung zwischen Immanenz und Transzendenz ist im Symbol und im symbolischen Denken überwunden. Mythen, Sprache, Wissenschaft, Religion, Kunst – jeder Bereich der Kultur ist uns in symbolischer Form gegeben. Symbole transportieren und transformieren Emotionen und Erkenntnisse.[53] Symbole, besonders auch kollektive (archetypische) Symbole, regen uns an, bewegen uns innerlich, bewegen uns emotional, geben unseren Emotionen aber auch eine Form, fassen sie. Das ist wohl auch der Grund, warum Menschen die Kunst lieben, die Literatur, Geschichten aller Art, Filme. Menschen scheinen die archetypischen Bilder und Geschichten zu brauchen, um ein zufriedenes Leben zu haben, oder aber auch, um sich selber emotional zu regulieren, etwa um aus der Langeweile herauszufinden, aber auch, um bisher vom Leben Ausgespartes zu integrieren, um grundlegende geistige Bedürfnisse zu befriedigen. An Symbolen, die sich in Träumen und in der Imagination verändern, können auch psychische Veränderungen sichtbar gemacht werden.

Der Baum: menschliches Gewordensein zwischen Himmel und Erde

Der Baum ist ein Symbol, das in der Imagination, beim sich Einlassen auf unsere Vorstellungskraft, häufig verwendet wird. Das Symbol des Baumes bewirkt, dass man sich zentriert fühlt. Wir reagieren in Resonanz auf das Symbol Baum. Warum? Wir stehen als Menschen in naher Beziehung zu Bäumen, wir stehen wie sie im Leben, wir atmen den Sauerstoff, den sie bilden, wir lehnen uns an ihre Stämme, essen von ihren Früchten. Wir verstehen den Baum aber auch symbolisch, er drückt das Wesen des Menschen aus: Menschen wie Bäume haben eine aufrechte Gestalt, die uns verbindet; wir haben einen Stammbaum. Bäume werden oft bei der Geburt eines Kindes gepflanzt, und wenn wir sterben, so werden wir in den Sarg, den Totenbaum, gebettet. Bäume wachsen in zyklischer Veränderung und erinnern uns daran, dass es auch in unserem Leben nicht immer Frühling sein kann. Bäume stehen an einem festen Ort, während wir Menschen uns bewegen können. Der Baum ist verwurzelt, seine Krone greift in den Himmel aus. Auch wir Menschen stehen zwischen Erde und Himmel und sprechen immer wieder von unseren Wurzeln. Menschen und Bäume wachsen vergleichbar,

Bäume leben aber in der Regel länger als wir Menschen und geben Hoffnung auf Dauer. Und wir wissen: Bäume wachsen nicht in den Himmel.

Wenn wir uns nun einen Baum vorstellen, welcher Baum fällt uns ein? Wo steht er? Wie sieht er aus? Vielleicht ist es ein Baum, den es in der realen Welt gar nicht gibt. Welche Jahreszeit haben wir in der Imagination? Man kann in der Imagination dem Baum Raum geben, so dass sich die Imagination und damit der imaginierte Baum so richtig entfalten können. Und man kann sich fragen, was dieser Baum mit unserer aktuellen Identität zu tun hat, mit unserem Stehen in der Welt.

In der Projektion des eigenen Gewordenseins und des eigenen Werdens auf den Baum stellt sich zunächst die Frage, was hinzunehmen ist. Da ist einmal ein Same irgendwohin gefallen. Es ist übrigens gar nicht selbstverständlich, dass ein Baum daraus wird. Es gibt neuere Forschungen, die zeigen, dass es unglaublich viele Samen braucht, bis ein Baum daraus wird, es ist eher ein Glücksfall, wenn ein Baum aus dem Samen entsteht. Wir existieren, was – in Analogie zum Baum – ein Glücksfall ist. Wir sind gezeugt worden, irgendwo in einer Familie aufgewachsen. Der Baum ist verwurzelt in der Erde. In guter Erde? In steiniger Erde? Wie ging es uns mit unseren ersten Wurzeln? Und auch wenn der Baum wächst, können Stürme ihm zusetzen, Tiere können an ihm knabbern. Der Baum und seine Einwurzelung kann als Symbol für wesentliche Aspekte unseres Gewordenseins gelten, für Aspekte unserer Herkunft. Auch Einschränkungen werden dabei deutlich: Aus einem Lindensamen kann keine Eiche werden – es geht um den Kern unserer Identität. Die Erde, in der man wurzelt, kann besser sein oder auch weniger gut. Das ist hinzunehmen.

Es stellt sich uns immer wieder die Frage, wo wir verwurzelt sind – eine erste Form der Zugehörigkeit, die uns Sicherheit gab. Nun sind wir keine Bäume. Wir können uns durch die Welt bewegen. Wir sind nicht festgewachsen, wir können uns verwurzeln, wir können uns entwurzeln und uns neu wieder einwurzeln. Menschen, die oft entwurzelt worden sind, wissen, dass man sich auch wieder neu verwurzeln kann, beziehen sich dennoch auf ihre erste Wurzel. Es scheint keine Wurzel so zu sein wie die erste. Und mit der ersten Wurzel ist auch der Ort unserer Kindheit verbunden. Identität entsteht aus Beziehung, und wir haben meistens von Menschen gesprochen. Aber die Beziehung besteht natürlich nicht nur zu den Menschen, sondern auch zu Tieren, zu der Gegend, in der man aufgewachsen ist, zu den Geschichten, die man sich dort erzählt, zu den Liedern, die man singt. Wenn man als Kind nicht ständig entwurzelt wurde, sondern immerhin einige Zeit an einem bestimmten Ort gelebt hat, dann entsteht Beziehung auch zu dem Ort. Auch er gehört zur eigenen Identität, hat sie mitgeprägt. Das äußert sich darin, dass wir, wenn wir uns vorstellen, sagen: „Ich komme aus dem Appenzeller Vorderland." Für ein Kind ist es der erste Ort, mit dem man sich verbunden hat, die erste Erde – und nicht zuletzt auch das erste Essen. Wer kennt nicht die gelegentliche Sehnsucht nach einer Speise der Kindheit!

Unsere frühe Identität ist natürlich verbunden mit Menschen, zunächst mit den Menschen der eigenen Familie, dann aber auch mit anderen. Sie ist aber auch verbunden mit Orten, mit Essen, mit der damaligen Lebenswelt, mit den Spielen, die man zusammen mit anderen Kindern gespielt hat. Heimat. Aber auch das Gefühl von Heimat verändert sich im Laufe des Lebens. Das ist der Ort, wo ich geboren bin, wo ich herkomme, wo ich mich fraglos zugehörig gefühlt habe, wo ich wusste, wie man sich zu verhalten hat. Diese Gefühle können bis zu einem gewissen Grad übertragen werden. So können Migranten uns sagen: „Heimat ist ein Ort, wo ich mich zugehörig fühle und wo ich das Gefühl habe: Hier kann ich in Sicherheit leben." Gerade weil viele Menschen auf der Suche nach Heimat sind, stellt sich die Frage, ob es für Menschen eigentlich so etwas wie eine „Ein-Heimigkeit" gibt? Oder gibt es eine „Mehr-Heimigkeit"? Das sind neue Ausdrücke, die im Moment geprägt werden. Aber auch ohne Migrantin zu sein, kann ich mich fragen: „Habe ich eigentlich nur *eine* Heimat?" Wir können selbstverständlich mehrere Heimaten haben, uns an verschiedenen Orten zugehörig fühlen, uns in bedeutender Resonanz zu verschiedenen Orten und Lebensbereichen verstehen. Da sagt z.B. jemand: „Meine Heimat ist die Sprache." Auch hier gibt es eine Entwicklung: Als Kind fühlen wir uns zugehörig zu der Herkunftsfamilie. Von dieser Herkunftsfamilie löst man sich ab, fühlt sich dennoch weiter zugehörig, vielleicht dem Landstrich, wo man herkommt – und all das weitet sich aus: die Menschen, die Zugehörigkeit, die Landstriche. Und manche Menschen fühlen sich auch als „Weltbürger“. Sehnsucht nach Heimat – vielleicht sogar Heimweh – ist wohl die Sehnsucht nach Vertrautem, das im Moment fehlt. Heimweh kann aber auch verstanden werden als die Sehnsucht, sich bei sich selbst „daheim“ zu fühlen, als die Sehnsucht nach einer sicheren Identität, nach dem Bei-sich-Sein.

Im Gegensatz zum Baum kann der Mensch sich an vielen unterschiedlichen Orten verwurzeln. Das große Bedürfnis nach Verwurzelung zeigt aber auch, dass wir immer wieder Menschen und Orte finden müssen, die uns Heimat sind – Lebensbezüge, in denen wir uns zugehörig fühlen, Menschen, denen Ähnliches wichtig ist. Und zugehörig fühlen wir uns dort, wo Menschen mit ähnlichen Geschichten aufgewachsen sind. Die eine Heimat, die eindeutige Zugehörigkeit nur zu dieser ersten Heimat, würde für das Welttheater von Calderon noch passen, wo jeder eben nur eine einzige Rolle im Leben zugeteilt bekommen hat. Doch schon ein einfacher Lebensübergang kann dazu führen, dass wir uns an einem neuen Ort verwurzeln müssen.

Wenn man ursprünglich geflüchtete Menschen, die schon länger mit uns leben, fragt, wie sie es geschafft haben, sich wieder zu verwurzeln, dann sagen sie, dass es immer mit den Menschen zu tun hat, mit freundlichen, hilfsbereiten Menschen, mit dem freundlichen, akzeptierenden Blick. Geholfen hat, dass Menschen nachgefragt haben, nach der Geschichte der Geflüchteten, aber auch nach ihrer Kultur. Man erzählt sich etwas, man teilt miteinander das Essen. Geholfen hat aber auch gelegentlich, dass das neue Land dem Land etwas gleicht, aus dem diese Menschen fliehen mussten. „Interesse für uns war wichtig", sagt ein Tibeter. Früher war man den Fremden gegenüber sowohl fasziniert als auch von ihnen geängstigt. Fasziniert, weil der Fremde etwas Unbekanntes bringt aus der fremden Welt. Geängstigt, weil man nicht wusste, mit welchen Absichten sich der oder die Fremde einem näherte. Das Fremde ist immer auch ein wenig unheimlich. Diese beiden Gefühlszustände sind immer noch auszumachen in Bezug auf die Fremden und auf das Fremde, nur dass heute zunächst die Angst dominiert, sobald aber persönliche Beziehungen da sind, dann weicht die Angst, und dann kann man sich auch wieder fragen: Was bringen die Fremden uns Neues? Auch das kann herausfordern.[54]

Wurzeln und Flügel: Geborgenheit und Freiheit

Identität zu haben, heißt nicht einfach, verwurzelt zu sein – wir sind auch mehr als ein Baum, wir brauchen auch Flügel für Veränderungen, für Inspiration, für Freiheit und Lebendigkeit. Mit Flügeln kann man sich emporschwingen, beflügelt sich den Zielen der Sehnsucht nähern – Flügel als Symbol der Zugehörigkeit zur Region des Himmels, als Ausdruck für das Sich-erheben-Können über die Erdenschwere, für das Angezogensein von Weite, von Freiheit. Beides, Wurzeln und Flügel, ist für unser Menschsein notwendig, wie das Gedicht von Juan Ramos Jiménez deutlich macht:

> Wurzeln und Flügel.
> Aber lass die Flügel Wurzeln schlagen
> Und die Wurzeln fliegen.[55]

Lebendigkeit und Freiheit werden möglich, weil man auch verwurzelt, geborgen ist. Umgekehrt gibt der Flug der Sehnsucht dem Verwurzeltsein die Gewissheit, dass wir Menschen auch auf Weite hin angelegt sind, dass das Leben immer auch anders werden kann.

Wenn wir ein solches Gedicht imaginieren, bringen wir es in Kontakt mit unserem gegenwärtigen Empfinden von unserer Identität. Es mögen die Wurzeln mit der Geborgenheit aktuell wichtiger sein oder umgekehrt die Flügel mit der Freiheit. Mit der Fähigkeit zur Imagination haben wir einen ganz großen Reichtum in uns, können wir uns mit vielen Emotionen und Gefühlen verbinden.

Der Weg: Identitätsfindung als Individuationsprozess

Der Baum als Symbol der Identitätsentwicklung betrifft vor allem das Gewordensein, aber auch die Kontinuität im Laufe des Lebens samt den damit verbundenen Veränderungen: Wie sind wir geworden, wie sind wir gewachsen – wie stehen wir in der Welt?

Die Symbolik des Lebensweges, des Weges, nimmt mehr die Veränderungen, die Bewegungen im Leben auf, die man selbst initiiert. Geht man auf Wegen, kommt man an Abbiegungen, an Wegkreuzungen, in Situationen, in denen man sich entscheiden muss. Und je nachdem, wie man sich entschieden hat, geht der Weg anders weiter. Manchmal geht man über Brücken, manchmal geht der Weg nicht mehr weiter. Manchmal geht man einfach so vor sich hin, meistens aber gibt es ein Ziel, das man erreichen möchte.

Entwicklung, Veränderung – das gehört einfach zum menschlichen Leben. Entwicklungspsychologisch wird heute die Idee vertreten, dass die Entwicklung von der Empfängnis bis zum Tod stattfindet – als ein natürlicher Prozess, und wenn wir davon ausgehen, dass wir durch diesen Prozess immer mehr zu dem werden, was wir eigentlich sind, aber noch nie waren, kann man mit Jung vom Individuationsprozess sprechen.

Jung postuliert ein Zentrum im Menschen, das diesen Individuationsprozess intendiert und bewirkt: das Selbst, dem der Ichkomplex gegenübersteht. Das Selbst wird verstanden als ein dynamisches Zentrum im Menschen, das den Menschen in seiner Ganzheit umfasst, Unbewusstes und Bewusstsein, und sich als dynamischer Prozess immer wieder vollzieht und uns das Bewusstsein von uns selbst gibt, auch wenn vieles von uns unbewusst bleibt. Dieser zentrale Archetypus hat nach Jung eine selbstregulierende Funktion: Wenn der Mensch zu einseitig wird, werden Emotionen und damit verbundene Symbole erlebt, die wieder einen gewissen Ausgleich schaffen. Das „Selbst“ ist ein Prozess, der ein Erlebnis von Zentrierung im Menschen bewirken und auch mit einer Erfahrung von innerem Zusammenhalt einhergehen kann, von dem aus neue Impulse zur Entwicklung ausgehen. Dabei geht es immer wieder darum, zwischen Unbewusstem und Bewusstsein eine gewisse Ordnung herzustellen, und zwar in dem Sinne, dass der Mensch immer mehr zu dem wird oder zu der wird, die er oder sie werden kann: Es entsteht ein Individuationsprozess – durch die konsequente Verbindung von Bewusstsein und Unbewusstem.

Auf ein Konzept des Selbst – als ein Postulat – ist Jung gekommen, weil er entdeckt hat, dass Symbole des Selbst, z.B. auch in Träumen, bei sehr erregten Menschen zur Beruhigung führen können. Auch Menschen, die in großer Angst sind, können durch einen Traum ruhig werden. In Träumen, die in solchen Situationen geträumt werden, treten Symbole von Kreis, Viereck, Kugel, Spirale auf, und diese Symbole, die Jung als Symbole des Selbst verstanden hat, kompensieren die große Unruhe und vermitteln Ruhe – als ein inneres Erleben, das für einen Moment das Gefühl der Kohärenz vermittelt und damit die Überzeugung, nicht in einzelne Teile zu zerfallen. Ein Beispiel:

Das Selbst-Symbol, das ja meistens in der Verbindung der Gegensätze dargestellt wird, erlebt man recht oft im Traum. Dann hat man das Gefühl, dass man ganz bei sich ist, aber gleichzeitig auch bei den anderen. Und für einen Moment fühlt man sich ganz und ist einverstanden mit sich, mit dem, was war und mit dem, was kommen wird. In diesem Zusammenhang soll es nun um den Traum eines 42-jährigen Mannes gehen. Dieser Mann hatte bei einem Autounfall sein Kind verloren. Und er war zutiefst zerstört und sagte von sich selber: „Ich bin ganz zerrissen, ich mag überhaupt nicht mehr leben. Ich finde es ganz furchtbar, wenn Kinder sterben." Und der Mann vermittelte einem auch den Eindruck, dass er wirklich sehr durcheinander war, die Welt nicht mehr verstand, sich selber nicht mehr verstand und auch nicht mehr leben wollte. Und dann träumte er einen Traum, der ein sogenannter Kompensationstraum ist, den man imaginativ nacherleben kann.

Der Traum des Patienten: „Einige Delfine schwimmen um eine Kugel herum. Diese Kugel ist durchsichtig. Und mir fällt auf, dass sich in dieser durchsichtigen Kugel die Delfine spiegeln, ganz viele Delfine. Und ich beginne im Traum zu lachen und sage: Wie ist das schön!"

Dieser Mann war vollkommen erstaunt über die Wirkung dieses Traumes. Er sagte, jetzt habe ihn die pure Lebensfreude gepackt, obwohl er gerade am Abend zuvor noch überzeugt davon war, nicht mehr leben zu wollen, nicht mehr leben zu können. Er betrachtete sich nicht als aktiv suizidal, aber er wusste von sich, dass er z.B. im Verkehr geradezu „fahrlässig unachtsam" war. Durch diesen Traum erlebte er plötzlich wieder Lebensfreude, Lust am Leben. Immer wieder erzählte er, wie diese Delfine sich in dieser Kugel gespiegelt haben. Dieser Mann hatte eine besondere Verbindung zu Delfinen. Er war einmal an einem Ort Tauchen gewesen, wo es sehr viele Delfine gab, die mit den Menschen, die im Wasser waren, spielten. Das war eine überwältigende Erfahrung für ihn, die der Traum widerspiegelte. Neu hinzu kam jedoch noch die Kugel in der Mitte, die etwas Besonderes war – Träume bilden ja nicht nur ab, sie schaffen auch Neues. Die Kugel sammelt die Delfine in all den Spiegelungen und vermittelt eine große, fast unwirkliche Lebendigkeit von diesen doch sehr geheimnisvollen Tieren.

Traumtheoretisch spricht man von einem Kompensationstraum: Sein Innerstes hat gegen die große Verzweiflung ein Bild der Lebensfreude und der Dynamik gestellt, was man als eine Form der Selbstregulierung verstehen kann. Und damit ist auch ein Lebensübergang vollzogen: Natürlich ist da die große Trauer und die Notwendigkeit des Sich-Ablösens von dem Kind, das er verloren hat, aber es gibt auch ein packendes Bild, eine Traumerfahrung, die pure Lebensfreude auslöst. Und für ihn war es auch ganz erstaunlich, lachen zu können, wenn das Leben doch so schwierig ist. Zwei Wahrheiten werden jetzt erlebt: Die schreckliche Erfahrung des Unfalls, des Verlustes seines Kindes, ist real und beunruhigt zutiefst. Aber da ist auch der Traum und gibt es die neuen Gefühle und Ideen, die durch den Traum generiert worden sind. Es sind zwei Lebenswirklichkeiten, die nebeneinander gestellt werden; auf der einen Seite dieser unglaubliche Schmerz und auf der anderen Seite das Staunen darüber, dass es dennoch Lebendigkeit und Schönheit im Leben gibt, auch für ihn. Er selber hat den Traum gedeutet als „Lebensfreude pur".

Das ist die Wirkung, wenn wir große Träume träumen, von denen wir den Eindruck haben, dass sich in ihnen das Selbst zeigt, dass sie direkt aus unserem Zentrum kommen. Solche Träume träumen wir nicht so oft, sondern vor allem dann, wenn unser Leben deutlich aus der „Ordnung" geraten ist. Wenn wir diese Träume träumen, vermitteln sie ein Lebensgefühl von größtmöglicher Fülle des Lebens, trotz allem. Sie vermitteln auch unmittelbare Sinnerfahrung: Man ist lebendig, überraschend lebendig, bei sich, für einen Moment identisch mit sich, verbunden mit der eigenen Tiefe, aber auch mit anderen Menschen, vielleicht sogar mit dem Kosmos. Auch hier sind wir im Modus des Bekommens: Es gibt eine Reaktion aus der Tiefe, die beglückt.

Das Einbeziehen des Unbewussten

Wenn wir uns darum bemühen wollen, unsere Identität immer wieder neu zu finden, geht es auch darum, das Unbewusste mit einzubeziehen, um mit uns selber ganzheitlich in Kontakt zu sein. Das Unbewusste kann sich z.B. in einem Traum konstellieren, aber wir müssen den Traum auch erinnern, uns mit ihm auseinandersetzen, ihn wahrnehmen.

Erich Fromm, der sich auch mit Identität beschäftigt hat, sagte in dem Zusammenhang: Wenn wir das Selbst verlieren – und er meinte hier auch das Tiefen-Selbst –, dann wenden wir uns einem Pseudo-Selbst zu. Und das Pseudo-Selbst betrachtete er als das Spiegelbild, das andere von uns entwerfen, also das, was andere von uns erwarten. Erich Fromm war ein Psychoanalytiker, der sich auf breiter Basis mit verschiedenen tiefenpsychologischen Schulen auseinandergesetzt und sich auch mit dem gesellschaftlichen Aspekt der Psychoanalyse und der Tiefenpsychologie befasst hat. Seine Idee war: Wenn wir die Verbindung zur Tiefe verlieren, wie wir sie über Träume, Imaginationen, Bilder, Ahnungen, Intuitionen haben können, werden die Erwartungen, die von außen an uns herangetragen werden, übermächtig. Er spricht in diesem Zusammenhang sogar von Identitätsverlust, aus dem heraus man sich dann noch mehr anpasst, um anerkannt zu werden und dazuzugehören. Wenn die anderen wissen, was jemand ist, dann weiß er es dann vielleicht auch – so Fromm.[56]

9. Bildung von Identität als zielsuchender Prozess

Entwicklungsprozesse sind zielsuchende Prozesse und bewegen sich symbolisch gesehen am ehesten in Spiralform. Dabei sind wir manchmal weiter vom Zentrum entfernt, manchmal dem Zentrum näher. Wir denken ja auch nicht ständig an unsere Identität, das wäre viel zu anstrengend. Fühlen wir uns zu weit weg von dem, was uns ausmacht, fühlen wir uns schlecht, und die Selbstregulierung der Psyche setzt ein: Bestimmte Emotionen werden erlebt und schrecken uns auf, wir haben aufstörende Träume, oder Träume mit vielen fremden Menschen, oder wir spüren, dass wir uns in einem Lebensübergang befinden, den wir gar nicht so richtig ernst genommen haben. Das sind alles kleinere oder größere Veränderungen, die uns wieder mehr zu uns selbst, in unsere Mitte bringen.

Dieser zielsuchende Prozess wird gesteuert durch die Emotionen Neugier und Interesse und dem daraus folgenden Explorationsverhalten: Wer bin ich auch noch? Wer kann ich auch noch sein?

Interesse und Exploration

In der Freude, so haben wir festgestellt, leben wir im Modus des Bekommens. Nah bei der Freude sind die Emotionen des Interesses und der Neugier, die unser

Explorationsverhalten steuern, und das von Geburt an. Das Interesse und die Neugier suchen etwas Neues, etwas Aufregendes – die Neugier öffnet Räume, das Interesse beschäftigt sich dann nachhaltig mit Themen, die einen ansprechen. Das Interesse hat eine zentrale Bedeutung in der Bildung und der Umbildung unserer Identität; die Interessen steuern unser Verhalten, unser Tun, stehen hinter unseren Motivationen. Wir gehen unseren Interessen nach. Wenn wir uns interessieren, springt uns etwas aus der Welt ins Auge oder ins Gemüt: Das müssen wir uns näher anschauen, damit wollen wir uns befassen. Wenn wir von einem Interesse so richtig gepackt sind, dann lässt es uns auch nicht so leicht los: Unsere Interessen zeigen in hohem Maße, wer wir sind und was uns besonders am Herzen liegt. Es ist ein System, das uns Menschen dynamisiert, uns in Bewegung bringt, uns auch die Überzeugung gibt, dass das, was wir tun, sinnvoll ist.

Das Explorationsverhalten bringt uns das, was wir brauchen, es macht uns aber auch gierig, süchtig nach Neuem. Hat uns aber ein tieferes Interesse gepackt, dann setzt ein intensiver Prozess der Auseinandersetzung mit dem, was uns interessiert, ein. Dieser Prozess entspricht einer intensiven Wechselwirkung zwischen Innenwelt und Außenwelt. Natürlich verbinden alle Emotionen und Gefühle die Innenwelt und die Außenwelt miteinander, beim Interesse ist das allerdings besonders augenfällig. Wenn uns etwas interessiert, sind wir meistens überzeugt davon, dass uns etwas in der Außenwelt angesprochen hat: Wir sind fasziniert, entwickeln Vorstellungen, Imaginationen, wie wir unserem Interesse nachgehen wollen, finden mehr und Neues heraus, das Interesse wird größer.

In unseren Imaginationen, Vorstellungen, Plänen, wie wir das, was uns interessiert, in die Realität umsetzen wollen, ist unsere Innenwelt weitgehend am Zug. Unsere Vorstellungen werden mit der Realität abgeglichen. Wir müssen auch mit Enttäuschungen umgehen, denn unsere Vorstellung und die Realität stimmen nicht immer überein. Sind wir aber wirklich interessiert, können wir auch mit den Enttäuschungen umgehen, halten wir uns an die kleineren Fortschritte, die wir machen. Konkretisiert, hart gearbeitet, gesucht, gefunden, verworfen wird im Hier und Jetzt, mit dem bewussten Ich. Indem wir uns für die Welt, vielleicht auch für einen anderen Menschen interessieren und durch dieses Interesse immer mehr verstehen und erfahren, erfahren wir auch vieles über uns selbst. Interesse für andere, für die Welt, ist immer auch Interesse für sich selbst, für Veränderungen im Verhältnis zu sich selbst, für Veränderungen in der Identität.

Seinen Interessen nachzugehen, das ist Identitätsbildung, und dies ist kreativ. Nichts ist für immer gegeben, immer gibt es etwas, was noch aussteht, was wichtig ist, unsere Wünsche anstachelt, uns eben interessiert. Exploration, Neugier, Interesse, Freude – das sind die Ingredienzien einer kreativen Haltung: Wie ist die Welt? Wie kann ich sie verändern? Es ist damit die Erfahrung verbunden, dass man sie verändern kann. Ganz besonders intensiv sind Interessen, die wir mit anderen teilen: In einer Liebesbeziehung etwa das gemeinsame Interesse, aus dieser Beziehung eine liebevolle Beziehung zu machen, die zu einer guten Lebensqualität beiträgt. In einer Gruppe ein geteiltes Interesse, wie man ein politisches Anliegen unter die Menschen bringt.

Interessen können kurzfristiger oder langfristig sein: Sind sie aktuell, dann sind wir davon gepackt und lebendig. Man kann sich aber auch einfach an die Interessen von anderen dranhängen: Man denkt dann, man sei interessiert, aber es fehlt die wirkliche Begeisterung und auch der Wille, sich trotz Schwierigkeiten dafür einzusetzen. Man lässt sich dann allenfalls anstecken von der Begeisterung der anderen, ohne dass es wirklich zu einer eigenen Begeisterung wird.

Bei unseren Interessen wird auch deutlich, wie sie zuerst von den Eltern und der Umwelt gesteuert sind, aber im Laufe des Lebens immer mehr zu eigenen Interessen werden können. Auch da spielt das „Man" natürlich mit. Interessant in diesem Zusammenhang ist, dass viele Menschen in ihrer Jugend intensive Interessen haben, denen sie nachgehen. Diese Interessen können dann im Laufe des Lebens in den Hintergrund treten, im höheren Alter aber wieder handlungsbestimmend werden. So erinnert sich 78-Jähriger daran, dass er als Junge die *Odyssee* übersetzen wollte – und er hatte auch ernsthafte Vorarbeiten dazu geleistet. Der ältere Mann erinnert sich, sucht die Notizen von damals, frischt seine Kenntnisse des Griechischen wieder auf – und übersetzt. Als Junge wollte er die ultimativ beste Übersetzung der Welt machen, aber das ist nicht mehr das Ziel des älteren Mannes. Jetzt will er mit der *Odyssee* in Kontakt kommen, weil er sie für beispielhaft für das Leben eines Mannes hält.

Das Interesse ist die Emotion im Dienste der kreativen Entwicklung und verbindet in einzigartiger Weise Innenwelt und Außenwelt. Und das Interesse an uns selbst, daran, wer wir immer auch noch sein können, erlahmt nicht, lässt uns immer wieder weiter suchen nach uns selbst.

Abgrenzung und Integration

Auf einem Weg zu sich selbst zu sein bedeutet auch, dass wir Gewordenes hinter uns lassen. Wir alle haben oft bestimmte Sätze von unseren Eltern oder auch Großeltern gehört und sie zum Teil auch ohne großes Darübernachdenken verinnerlicht. Gelegentlich denken wir, dass wir den Elternsätzen entsprechen müssen, um ein guter Mensch zu sein. Nun sind ja nicht alle Elternsätze schlecht, aber es ist schon wichtig, einmal darüber zu reflektieren, ob sie mit den heutigen eigenen Überzeugungen noch übereinstimmen, ob sie überhaupt lebensdienlich sind. Wir wollen ja auch nicht irgendwann als Kopie der Eltern sterben. Erinnern wir uns an das Beispiel des Mannes mit dem Leitspruch: „Wenn man nicht arbeitet, bis man umfällt, ist man kein guter Mensch." Das war ein solcher Elternsatz, mit dem er sich identifizierte und über den er erst reflektierte, als er den dritten Herzinfarkt hatte. Um zur eigenen Identität zu kommen, wird man über die Bedeutung von Vater- und Muttersätzen im eigenen Leben reflektieren und sich auch gegebenenfalls davon distanzieren. Diese Sätze waren wahrscheinlich einmal wichtige Wegweiser in der eigenen Lebensgeschichte, einige bleiben es wohl auch – aber man muss nicht jedem Wegweiser folgen. Und es geht bei diesen Sätzen nicht um abstrakte Ideen und Wertvorstellungen, sondern meistens um praktisches Handeln, um Schuldgefühle, wenn man es dann doch anders macht als die Sätze vorschreiben, um verbotene Lebenslust, um das eigene Leben, das gelebt werden will.

Zu dieser Entwicklung, zu diesem Lebensweg gehört aber auch ein Prozess der Integration: Was kann in mein Leben hineingenommen werden? Das ist in der Regel Verdrängtes, das können Schattenaspekte sein.[57] Unter Schattenaspekten versteht man Aspekte unserer Persönlichkeit, die wir nicht mögen, die mit unserem idealen Bild von uns selbst nicht übereinstimmen und die wir deshalb nicht wahrhaben wollen, sie gelegentlich einfach auf andere Menschen projizieren. Sind wir z.B. sehr geizig, aber überzeugt davon, großzügig zu sein, weil das ein von uns angestrebter Wert ist, dann können wir unseren Geiz nicht zugeben, und dann sind einfach die anderen geizig. Und weil die anderen geizig sind, kann man dann auch nicht wirklich großzügig sein.

Schattenaspekte projizieren wir häufig auf unsere Nächsten, wo sie aber zu Konflikten und Auseinandersetzungen führen. Projektionen sind zunächst weniger konfliktträchtig, wenn sie auf fremde Gruppen fallen, und da sind dann die Neuhinzukommenden, die Geflüchteten, ideale Schattenträger, die sich nicht wehren können. Und wenn man dann diese Projektion mit anderen Menschen teilt, gibt einem das ein Gefühl von Stimmigkeit: „Die anderen sehen das auch so!“ Aber die anderen können genauso gut nur ihren Schatten projiziert haben, wie wir auch – und dann sind alle um uns herum plötzlich Schmarotzer.

Abgespalten werden Erfahrungen, weil sie zu schmerzhaft oder zu schambesetzt sind. Diese abgespaltenen Anteile kann man aber wieder integrieren. Mit den schwierigen Lebenserfahrungen, die man früher nicht an sich herankommen ließ, kann man heute anders umgehen – weil sich das Leben verändert hat, weil man eine sicherere Identität und ein verlässlicheres Selbstwertgefühl hat. Man kann sich damit auseinandersetzen, es aber auch hinter sich lassen – gut sein lassen. Oder man sucht sich therapeutische Hilfe, um ein Problem, das man allein nicht lösen kann, zu bewältigen. Abspaltungen können vor allem in der Arbeit mit Symbolen integriert werden.

Integrieren kann man auch noch Ausstehendes, Fremdes. Wir selbst sind uns immer auch fremd: Es gibt Aspekte unserer Persönlichkeit, die wir noch nie gelebt haben, die uns fremd sind, uns vielleicht sogar zuerst befremden, und indem wir sie an uns heranlassen, wir uns dann mehr mit ihnen befreunden, verändern wir uns. Dies zeigt z.B. der Traum einer 58-jährigen Frau:

An meinem Gartentor steht eine sehr große grüne Gestalt. Ganz ruhig. Wartet. Wartet auf wen? Wartet vielleicht auf mich? Ich bin fasziniert, gebannt, auch etwas ängstlich.

In der Therapie arbeite ich gerne mit Träumen in der Form von Imagination: Die Träumerin stellt sich die

Traumbilder noch einmal vor, so genau wie möglich, und nimmt die Gefühle wahr, die mit den einzelnen Bildern verbunden sind. Und dann nehmen wir gemeinsam wahr, was sich ereignet.

„Es ist das Tor zu meinem Garten. Jetzt fällt mir ein: Die Gestalt steht zwar am Tor, aber sie ist schon im Garten.

Die Gestalt kommt schon ein bisschen näher.

Ganz ruhig ist die Gestalt, ich weiß nicht, ob sie Mann oder Frau ist. Warum eigentlich nicht? Weil die Gestalt nicht mich anschaut, sondern hinaus in die Gegend. Die Gestalt ist sehr groß, übergroß, hat eine Art grünen Umhang. Sie ist einfach grün, ein schönes, mittleres Grün.

Ich stehe an meinem Ostfenster. Es ist eher Morgen, mit Morgensonne, auf jeden Fall hell. Die Gestalt wartet auf mich. Ist das der Tod? So fühlt es sich nicht an, eher wie Frühling, Vorfrühling – Primeln sind draußen, sonst noch nichts. Ich spüre fast körperlich, dass ich zu ihm hinausgehen soll, ihn vielleicht bitten soll, hereinzukommen. Eigentlich eher hinausgehen und mit ihm gehen. Aber wohin? Das macht mir Angst, aber es fasziniert mich auch."

Das ist ein erster Teil der Imagination. Und dann versucht sie, den Traum mit Alltagserfahrungen zu verknüpfen.

Träumerin: „Na ja, der sieht eigentlich aus wie ein Gärtner. Und wir haben immer einen Konflikt bei uns zu Hause. Mein Mann sagt immer: ‚In jeder freien Minute, wenn schönes Wetter ist, bist du im Garten, und das will ich eigentlich nicht.'"

Ich frage: „Stimmt das emotional? Würde ein Gärtner so

dastehen, wie diese Gestalt?" Ich habe ihre Assoziation als einen Versuch verstanden, das Faszinierende, aber auch Unheimliche der Gestalt abzuwehren, empfand dies aber als emotional unstimmig.

Sie nimmt meine Intervention auf: „Nein, das stimmt überhaupt nicht. Das ist eine ganz faszinierende unbekannte Gestalt. Ich mache nichts, ich schaue ihn nur an. Er macht nichts, er schaut einfach in die Gegend hinaus. Aber er ist grün. Und aus Grün wird etwas."

In unserer Jung'schen Terminologie würden wir von dieser Gestalt als von einem geheimnisvollen Fremden oder auch von einer Animusfigur[58] sprechen. Und Anima und Animus, archetypische Gestalten des Weiblichen und des Männlichen, die gerne auf Liebespartner projiziert werden, sind verbunden mit der Sehnsucht nach dem „ganz Anderen". Diese Gestalten sind meistens nicht nah beim Bewusstsein, stellen aber eine Verbindung zwischen bewussten Inhalten und der eigenen Mitte her. Identitätsentwicklung ist ja auch Integration von noch nicht Bewusstem.

Als Traumfiguren sind Anima und Animus oft etwas unbestimmt und auch dadurch faszinierend und ängstigend zugleich – ein guter Ausgangspunkt für Imaginationen. Vielleicht verändert die Gestalt in der Imagination ihr Aussehen, vielleicht wird deutlich, welche Gefühle mit ihr verbunden sind und welche Imaginationen daraus entstehen können. Es sind Bilder und Emotionen, mit denen man geduldig leben muss, und dann wird zunehmend deutlich, welche Aspekte der Psyche durch diese Gestalt angeregt und belebt werden, und diese Aspekte können dann ins bewusste Leben übernommen werden. Ein Teil aber wird immer geheimnisvoll bleiben. Es ist Faszination und Angst zugleich. Es ist das Fremde in unserer eigenen Psyche, das in uns Angst und Faszination weckt und das uns hilft, uns wirklich auch im spirituellen Sinne weiterzuentwickeln. Auch das gehört zur Integration: Identitätsaspekte aus tieferen Schichten des Unbewussten werden zugänglich.

Viel gewohnter ist die Idee, dass Träume uns unsere Schattenseiten zeigen, Seiten, die wir an uns nicht akzeptieren können und die wir deshalb verdrängen und nicht selten auch auf andere projizieren. Die Wahrnehmung von Schattenaspekten hat einen bedeutenden Einfluss auf unsere Identität, besonders auch im Zusammenleben mit anderen Menschen.[59] Aber es gehört auch zur Identität, dass wir uns nicht nur auf diejenigen Träume beziehen, die uns unsere Schattenseiten zeigen oder verdeutlichen, welche Aspekte der Persönlichkeit auch möglich wären. Die Psyche hat vielmehr auch eine geheimnisvolle Tiefe, mit der man sich mit großer Geduld auseinandersetzen muss. Und das ist natürlich weit weg von dem, was normalerweise die Welt will. Aber es ist eben auch ein Gegensatz dazu.

Der Individuationsprozess

Individuation und die Hinwendung zum Unbewussten

C. G. Jung hat ein Konzept für die seelische Entwicklung bis zum Tod erarbeitet, die damit verbunden ist, dass wir immer mehr zu uns selber kommen, die oder der werden, die oder der wir sein können, aber noch nie waren – in Verbindung mit den Mitmenschen und der Welt. Wie kam er zu diesem Konzept? Er hatte festgestellt, dass die wichtigen Lebensprobleme nicht zu lösen sind, aber überwachsen werden können: „Ich fragte mich daher, ob diese Möglichkeit des Überwachsens, nämlich der weiteren seelischen Entwicklung, nicht überhaupt das normal Gegebene und darum das Steckenbleiben an oder in einem Konflikt das Krankhafte sei."[60] Unter „Überwachsen" verstand er, dass Neues an die Menschen herantrat, von innen oder von außen, dass sie es annehmen und daran wachsen. Das schicksalshaft Neue ist für ihn ein „treffender Ausdruck der Gesamtpersönlichkeit"[61] – das Neue als etwas, was ein neues Identitätserleben ermöglicht. Dadurch, dass wir uns in einem ständigen Entwicklungsprozess befinden, können wir auch größere Probleme in unserem Leben lösen.

Jung hatte 1931 bei seinen Patientinnen und Patienten, die in der Mitte des Lebens standen, festgestellt, dass sie vermehrt unter Depressionen litten. Seine Erklärung: In der ersten Hälfte des Lebens (das war bei ihm etwa bis vierzig) geht es darum, soziale Ziele erreichen zu wollen; Beruf, Familie, Ansehen stehen im Zentrum. Jung ist der Ansicht, dass man sich in der ersten Lebenshälfte sehr anpasst an das, was die Welt von einem will. Dadurch wird man einseitig, dieses sich zu sehr Einbringen in die äußere Welt geht auf Kosten der Ganzheit der Persönlichkeit, so dass emotional plötzlich eine Leere erlebt wird und der Sinn im Leben verloren geht. Man fragt sich: War das jetzt wirklich alles? Lohnt sich das Leben? Man reagiert mit einer Depression, und Jung verstand diese Depressionen in der Lebensmitte – oder auch an der Lebenswende, wie er sagte – als Ausdruck von „Leben, das auch hätte gelebt werden können“[62]. Seine These: Wenn Menschen zu lange wichtige mögliche Selbstentwürfe aussparen, werden sie depressiv. Die Depression hat den Sinn, sich mit dem Unbewussten auseinanderzusetzen und herauszufinden, welches Leben denn auch gelebt werden könnte, gelebt werden müsste. Sich dem Unbewussten zuzuwenden heißt, die Träume, Fantasien, Imaginationen, Bilder wahrzunehmen, herauszufinden, welche Konflikte, aber auch welche schöpferischen Möglichkeiten sich zeigen. Grundsätzlich geht es darum, dass die Innenwelt auch mitleben will. Die Seele will noch einmal anders mitleben – eben indem man das Unbewusste bewusst miteinbezieht.

Das Unbewusste ist natürlich immer vorhanden, unbewusste Prozesse steuern unser Verhalten in einem hohen Maße, da sind sich die Neurowissenschaftler einig.[63] Bewusstsein und Unbewusstes gehen manchmal eine Arbeitsgemeinschaft ein: Wir lernen eine Bewegung bewusst, und dann übergeben wir sie dem Unbewussten – für viele Situationen ist Bewusstsein nicht nötig. Wir finden den Weg nach Hause, auch wenn wir die ganze Zeit intensiv an eine wichtige Auseinandersetzung denken. Das Unbewusste ist auch geheimnisvoll, und unsere emotionalen Systeme sind zunächst unbewusst.

Was ist also gemeint, wenn postuliert wird, dass wir

uns im Individuationsprozess intensiver dem Unbewussten zuwenden? Es geht nicht so sehr um das prozedurale Unbewusste, sondern um die Verbindung von Bewusstsein und dem Unbewussten in Form von Symbolen, die konstelliert sind. Wir beziehen das Unbewusste im Sinne von Anregungen und Bildern immer dann mit ein, wenn etwas im Leben problematisch wird. Im Individuationsprozess wendet man sich viel grundsätzlicher den inneren Bildern, den Träumen zu und gestaltet diese. Das stellt eine Verbindung zwischen Unbewusstem und Bewusstsein her, was bedeutet, dass abgespaltene Anteile der Persönlichkeit integriert werden können.

Die Arbeit mit Symbolen zur Bildung von Identität

In den Symbolen und im Arbeiten mit Symbolen können abgespaltene Inhalte, die bewirken, dass wir uns schlecht fühlen, und uns in unserer Identität verunsichern, integriert werden. Die Symbole, die für uns wichtig werden, zeigen uns, welche Entwicklungsanreize aufzunehmen sind, über welche Themen nachgedacht werden muss, welche Emotionen und Gefühle wahrgenommen und differenziert werden könnten.[64]

Zu Symbolen werden – wie schon gesagt – Gegenstände aus der äußeren Welt, zu denen unsere Innenwelt in Resonanz tritt. Materielle Gegenstände wie ein Ring, eher abstrakte Formen wie ein gezeichneter Kreis, ein Tier, eine Wetterlage bekommen eine Bedeutung. Wir sind in der Welt und begegnen immer diesen welthaltigen Situationen. Und dann wird plötzlich ein Gegenstand oder ein Tier – oder was immer sich in einem

Bild ausdrücken kann – bedeutsam. Vielleicht haben wir von einem Wildschwein geträumt – so eine 28-jährige Frau, kurz bevor sie eine Stelle als Vorgesetzte eines Teams antrat – und fragen uns, was denn das Wildschwein in der eigenen Psyche zu bedeuten hat. Im Symbol drückt sich nicht nur die äußere Welt aus, sondern auch die innere. Etwas Innerpsychisches, das offenbar gerade jetzt wichtig ist, wird im Symbol sichtbar und erfahrbar, gibt Anreiz für eine Auseinandersetzung und dann auch seelische Entwicklung. Wir fragen nicht nur: „Warum ein Wildschwein?", sondern: „Warum gerade jetzt?" Und man wird nach den emotionalen Verknüpfungen mit dem Alltagsleben suchen.

Im Symbol wird eine Lebenssituation wichtig, vom Bewusstsein und vom Unbewussten her, und diese Situation ist emotional betont, bedeutet etwas, packt unsere Aufmerksamkeit. Wenn wir uns auf diese Symbole konzentrieren, verändern sie sich: Imaginationsketten ereignen sich und müssen sorgfältig aufgenommen werden. Aber auch Träume, die mit den konstellierten Symbolen und der damit verbundenen Lebenssituation in Zusammenhang gebracht werden, ereignen sich. Besonders bei der Veränderung der Identität bei Lebensübergängen haben wir häufig Träume mit entsprechenden Symbolen, auf die man sich konzentrieren kann und die, verbunden mit alten Erfahrungen und neuen Erwartungen, eine neue Richtung im Leben anzeigen können.[65]

Die Frau, die vor ihrer Beförderung zur Teamleiterin von dem Wildschwein träumte, überlegte natürlich, ob das Wildschwein etwas zu dieser neuen Lebenssituation zu sagen hat. Sie kennt Wildschweine, findet sie ganz in Ordnung, aber „natürlich suhlen sie sich immer lustvoll im Dreck". Sie weiß, dass Wildschweine ganze Gärten „umgraben" können, und verbindet das mit der Idee, dass Wildschweine auch bedrohlich sein können. Manche Menschen, so meint sie, wären Wildschweine – könnten also keine Ordnung halten. Das sei sie nicht, sie sei keine Wildsau. Aber sich so hineinwühlen in eine Arbeit, das könne sie. Sie wundert sich und ist etwas besorgt, wie sie wohl in ihrer neuen Position mit den Menschen zurechtkommen wird, von denen einige wesentlich älter als sie und auch erfahrener sind. Wenn aber das Wildschwein im Traum ihre eigene Wildschweinseite darstellt, dann müssten eigentlich die anderen vor ihr Angst haben. Sie überlegt, ob sie vielleicht so wild wie ein Wildschwein auftreten könnte, weil sie eigentlich Angst hat. Dann aber ist sie auch glücklich über das Symbol: Sie träume doch oft von so angepassten Frauen – das Wildschwein, das sei vital, eben auch wild, vital ... Und da sind wir schon bei einem neuen Aspekt ihrer weiblichen Identität.

Symbole haben viele Facetten, so dass man nicht eine einzige Bedeutung festmachen kann. Es gibt natürlich immer Symbol-Lexika, die eindeutige Festschreibungen machen, aber diese werden der Komplexität der Psyche nicht gerecht, sie werden auch dem psychologischen Prozess nicht gerecht: Man schlägt sich vielmehr eine Weile mit dem Wildschwein herum, solange es einem bedeutsam erscheint, und solange es dies ist, werden auch immer wieder neue Aspekte auftauchen, die die eigene Identität neu beleuchten. Symbole können auch gestaltet werden: Die Aufmerksamkeit, die man den Imaginationen, Gedanken, Gefühlen, durchaus auch den Formen eines Symbols zuwendet, konzentriert uns auf das, was wir im Moment verstehen müssen. Die junge Frau verstand den Traum zunächst so: Ich muss nicht wie eine Wildsau in dieses Team einfahren, aber sie sollen ruhig wissen, dass ich mich wehren kann. Das meint man damit, wenn man davon spricht, dass wir uns im Individuationsprozess intensiver dem Unbewussten zuwenden.

Auf dem Weg der Individuation überwachsen wir aber nicht nur Probleme, indem wir uns entwickeln, wir versuchen auch, sie zu verstehen. Das Verstehen besteht mindestens aus zwei Schritten. Der erste ist das Spüren: Ich spüre z.B., dass ich leide, erschüttert bin, gequält bin. Das ist eine Emotion, eine Wahrnehmung im Körper, und es sind Gefühle, die quälen. Diese Emotionen und Gefühle nimmt man wahr. Der zweite Schritt ist, dass man sich selber beobachtet. Man identifiziert sich nicht einfach mit der Emotion, mit diesem Gequältsein, sondern tritt einen Schritt zurück. Ich weiß, dass ich mich gequält fühle, aber ich schaue dieses Gequältsein auch an, ich reflektiere es. Hierbei kann man auch kreative Methoden einsetzen. Wir können z.B. niederschreiben, was uns umtreibt, uns quält. Wir können Vorstellungen zulassen, die sich aus den vorherrschenden Emotionen entwickeln, wir können die Emotionen oder die Vorstellungen malen oder in irgendeiner anderen Form symbolisch darstellen. Wir lassen uns nicht einfach vom Kummer oder vom Elend bestimmen, auch wenn wir es natürlich spüren müssen, aber dann können wir auch einen Schritt zurücktreten und eine Haltung dazu finden, herausfinden, welcher Entwicklungsanreiz vielleicht in einer solch schwierigen Lebenssituation steckt. Das heißt natürlich auch, dass man diese Symbole ernst nimmt, diese Verbindungen von innen und außen. Sie werden immer auch in unsere Vergangenheit verweisen, aber auch in die Zukunft. Was will dieses Symbol von mir, was ist der schöpferische Drang in diesem Symbol? Wie hilft dieses Symbol, um wieder lebendiger, vielleicht auch gesund, heil zu werden? Und falls wir einseitig in der Auseinandersetzung mit der schwierigen Lebenssituation werden, haben wir immer noch die Träume.

Träume als Wegweiser im Individuationsprozess

Traumbilder verwenden, wie alle Symbole, Bilder aus der Erfahrung der jeweiligen Lebenswelt, setzen sie aber in einer kreativen Weise zusammen, angestoßen durch emotionale Prozesse. Träume sind unsere ureigenste Kreation im Schlaf. Träume erzählen Geschichten, sind Imaginationen, Vorstellungen, die unabdingbar zu mir gehören. Wer und was immer auftaucht in meinem Traum – es gehört in irgendeiner Weise zu mir und sagt mir etwas über mich selbst. Wenn wir siebzig Jahre alt sind, haben wir von dieser Lebenszeit zehn Jahre verträumt. Wir haben auch eine Traumidentität, manchmal eine flüchtige, aber, wenn beachtet, auch eine erstaunliche. Menschen, die ihre Träume beachten, erinnern sich an hilfreiche Gestalten, an Träume, die zur Vorsicht mahnten, an sehr große Wogen, die beglückten, und anderes berührendes und beeindruckendes Geschehen. Und das „Traumpersonal“ ist auch das „Imaginationspersonal“: Menschen und Situationen, denen wir in den Träumen begegnen, können wir in unseren Imaginationen einsetzen. Es ist eine ganze innere Welt, die sich auch mit unserer Alltagswelt verschränkt.

Ein Traum ist erst dann ein Traum, wenn wir aufwachen. Solange wir träumen, ist das für uns eine ganz normale Welt, in der wir uns bewegen und die uns meistens auch nicht sonderbar vorkommt, sogar dann nicht, wenn wir etwa fliegen können. Wenn wir erwachen, setzen wir uns mit dem Traum auseinander, nehmen die Emotionen wahr, die in ihm erlebbar waren, und verbinden den Traum mit dem Alltagsleben, mit der Lebensgeschichte, mit der Zukunft. Was sagt mir der Traum? Er sagt mir auf jeden Fall, dass ich auch viele andere Seiten habe. Wir haben immer die Tendenz, einseitig zu werden – zu sehr angepasst, zu sehr nur noch die Arbeitsperson, zu sehr introvertiert, zu sehr extravertiert. Unsere Innenwelt kommentiert das dann im Traum und setzt einen anderen Schwerpunkt. Angestrebt ist ein emotional „mittlerer Zustand“, wobei das durchaus auch heißen kann, dass Träume zur Aktivität anregen, wie der Traum eines 28-jährigen Studenten zeigt, der das Leben sehr geruhsam anging. Er träumte:

„Ich lese einen Text: ‚Wer jetzt nicht aufsteht, wird beerdigt.‘ Dann sehe ich mich im Bett liegen und ich höre Geräusche und denke: Jetzt holen mich die Bestatter. Ich stehe blitzschnell auf und rasiere mich, so dass es aussieht, als wäre ich schon längst aufgestanden." Der Student fügt an: „Ich hatte einen heillosen Schreck – ich muss jetzt wirklich aktiver werden."

Träume unterstreichen, betonen manchmal, machen eine Erfahrung deutlicher, oder sie kompensieren ein alltägliches Verhalten und bringen eine Perspektive ein, die im Wachleben verloren zu gehen droht oder verloren gegangen ist. Ein Beispiel für den unterstreichenden Aspekt von Träumen:

Eine 24-jährige Frau erzählt: „Ich habe geträumt, mein Gesicht ist nicht in Ordnung. Ich habe nur noch wenig Zeit für ein neues Make-up, aber das Augenmake-up verschmiert, und die Wangen sind zu rosig geworden. Ich bin zunehmend verzweifelt und erwache.

Ich erzähle den Traum meinem Freund, und der meint, ich könnte den Kram (das Schminken) ja eigentlich auch sein lassen. Dabei habe ich mir seinetwegen so große Mühe gegeben."

Nun mag sich der Traum direkt darauf beziehen, dass die Träumerin versucht, sich sehr ansehnlich zu machen, wie „man" (bzw. „frau") es halt so macht. Der Traum könnte aber auch grundsätzlicher darauf hinweisen, dass sie sich zu sehr nach außen orientiert, zu sehr danach richtet, wie sie gesehen wird, und dass sie sich das im Moment gar nicht leisten kann, dass anderes wichtiger ist. Was ist wichtiger? Das ist ein neuer Aspekt von Identität.

Kompensation

Korrektur des Selbstbildes

Ein Mann, der sich für außerordentlich ehrlich hält, sich auch immer auch wieder beschwert über Kollegen und Kolleginnen, die es in seiner Wahrnehmung mit der Ehrlichkeit nicht so genau nehmen, träumt:

Ich treffe einen Mann mit geschlitzten Ohren. Diese geschlitzten Ohren sind auffällig – er ist mir fremd, sehr fremd.

Der Träumer konnte zunächst mit dem Traum nichts anfangen. Zu fremd. Ein Außerirdischer vielleicht? Wir spielen mit verschiedenen Ausdrücken: „geschlitzte Ohren", „ein Schlitzohr" ... Ja, meint er, das könnte es sein. Er treffe doch so viele Schlitzohren.

Wenn wir davon ausgehen, dass die Gestalten im Traum auch Anteile der eigenen Persönlichkeit sind, so müsste er sich mit seinem „schlitzohrigen" Persönlichkeitsanteil, den er so leicht auf andere projiziert, auseinandersetzen. Das passt ihm natürlich nicht, dass er in bestimmten Situationen auch schlitzohrig sein kann. Dass der Traum darauf reagiert hat, ist ihm fremd. Aber er kann die Erinnerung an den Traum nicht mehr verdrängen, er beunruhigt ihn, und nach einiger Zeit findet er dann zunächst eine ganz kleine Schlitzohrigkeit, zu der er stehen kann.

Träume können auch das vorherrschende Lebensgefühl kompensieren und damit wesentlich zur Bewältigung einer schwierigen Lebenssituation beitragen. Der Traum einer 37-jährigen Frau:

Ich weiß, dass ich auf einen Baum klettern muss. Das mache ich – ich bin erstaunt, wie gut ich das noch kann. Oben angekommen, heißt es: Jetzt schwebe. Ich breite meine Arme aus und mache Flugbewegungen. Schweben! Heißt es erneut. Ich wage zu schweben. Die Luft trägt, ich erinnere mich daran, dass ich das als Kind schon konnte – und ich werde immer mutiger. Jemand hält mich bei der Hand – geheimnisvoll … Ich fühle mich total frei, es ist ein wunderschönes Lebensgefühl, ich bin total begeistert. Ich will nicht erwachen, erwache aber, weil eines der Kinder ruft.[66]

Die Träumerin erlebte diesen Traum in einer Phase ihres Lebens, von der sie sagte, sie wisse nicht mehr, wo ihr der Kopf stünde. Sie hatte vier Kinder, das Jüngste war ein Jahr alt, ihr Mann, der sich gerade selbstständig gemacht hatte, war an einer lebensbedrohlichen Krankheit erkrankt. Sie sei mit Verzweiflung, Ängsten und Sorgen zu Bett gegangen, und der Traum habe Gefühle von Begeisterung und Freiheit geweckt – diese Gefühle gebe es bei ihr auch. Dieser Traum kompensiert die Verzweiflung, und auch wenn sich ihr Leben faktisch nicht verändert hat, ist sie nicht mehr ganz so verzweifelt, hat sie auch gehobene Gefühle. Im Zusammenhang mit Identität geht es auch um das jeweils vorherrschende Lebensgefühl.

Wenn wir mit Träumen arbeiten, stellt man sich den Traum noch einmal imaginativ vor, nimmt die Bilder wahr, die Emotionen und Gefühle, die damit verbunden sind, und dann verbinden sich Traumbilder und Traumemotionen mit dem Alltagsleben – manchmal als kurzer Hinweis, manchmal auch grundsätzlicher, und manchmal gehen wir dann auch wieder anders auf andere Menschen zu.

Wir träumen aus dem, was „zwischen uns und dem anderen liegt", wir träumen aus den Beziehungen heraus. Wir verstehen Träume aber auch aus den Beziehungen heraus: aus unserer Beziehung zum Träumenden, aber auch aus all den Beziehungen, die wir zu Menschen, aber auch zur Kultur, zur Welt im Ganzen haben. Wenn wir davon ausgehen, dass Emotionen und Gefühle unser Traumgeschehen anregen und in Gang halten, so nehmen wir gleichzeitig an, dass Emotionen und Gefühle aus den Erfahrungen stammen, die uns emotional berühren, uns also in unserem ureigensten Wesen etwas angehen.

10. Anregungen zur Identitätsfindung von innen

Träume, so wurde im vorausgehenden Kapitel deutlich, sind Wegweiser im Individuationsprozess und geben von innen her Orientierung auf dem Weg zu sich selbst. Manchmal aber ist unser Leben etwas langweilig: Es gibt keine spannenden Träume, auch keine inneren Bilder, die uns interessieren, vielleicht sogar begeistern, keine herausfordernden Ideen und Gedanken, aber wir möchten sie haben, wir möchten uns lebendig fühlen. Dann können wir „auf Pump" leben, Anleihen machen: Wir finden diese ersehnten, manchmal uns auch überraschenden Bilder und Gedanken in einem Märchen, in der Literatur, in einem Film, in der darstellenden Kunst, kurz: in allen Formen der Kultur, aber auch in Träumen von anderen Menschen – und wir leihen uns diese Bilder, die uns ansprechen. In Resonanz zu ihnen machen wir sie zu eigenen Bildern, die wir dann in unserer Vorstellung weiter ausmalen – und so werden Bilder, Ideen und die damit verbundenen Emotionen und Gefühle in der eigenen Psyche wiederbelebt – wir werden innerlich wieder lebendig, wir kommen wieder in Kontakt mit wichtigen Aspekten unserer Persönlichkeit.

Ein Märchen, das von einem Lebensübergang handelt

Ich werde nun ein Märchen antippen, das diese Erfahrung thematisiert, wie eine etwas sterile Lebenssituation sich zu neuer Lebendigkeit verändert.

Zottelhaube (norwegisches Märchen)

„Es waren einmal ein König und eine Königin, die bekamen keine Kinder, und darüber war die Königin so betrübt, dass sie kaum jemals eine frohe Stunde hatte. Beständig klagte sie, dass es so einsam und still im Schloss sei: ‚Wenn wir nur Kinder hätten, so gäbe es Leben genug da.' … Wo sie hinkam, da hörte sie die Hausfrau auf die Kinder schelten, sie hätten wieder dies oder jenes angestellt; das fand die Königin vergnüglich und wollte es auch so haben. Zuletzt nahmen der König und die Königin ein fremdes kleines Mädchen zu sich; das wollten sie im Schloss bei sich haben und es aufziehen und es zanken wie ihr eigenes Kind."[67]

Und dann geht das Märchen seinen Gang: Das angenommene Mädchen spielt im Schlosshof, eine arme Bettlerin kommt des Weges, die auch ein kleines Mädchen bei sich hat, und die beiden Mädchen spielen mit einem goldenen Ball, werfen ihn sich gegenseitig zu. Die Königin findet das unpassend, das Bettelmädchen aber sagt, seine Mutter könne der Königin helfen. Und in der Tat, sie kann. Der Rat der Bettlerin: Die Königin soll am Abend, wenn sie sich hinlegen will, zwei Schüsseln mit Wasser hereintragen lassen, sich waschen und dann das Wasser unter das Bett ausschütten. Am

Morgen werden dann zwei Blumen unter dem Bett gewachsen sein, eine schöne und eine hässliche – die schöne soll sie essen, die hässliche stehen lassen. Natürlich isst die Königin beide Blumen und denkt, es werde weder nützen noch schaden. Sie kommt dann ins Kindbett, und jetzt bringt sie zuerst ein Mädchen auf die Welt, das hat einen Rührlöffel in der Hand und reitet auf einem Bock; es ist hässlich und garstig, und kaum auf der Welt, so ruft es: „Mama!" – „Gott helfe mir, wenn ich deine Mama sein soll", sagte die Königin. „Mach dir keine Sorgen deswegen, es kommt gleich noch eines, das ist schöner", sagte das, das auf dem Bock ritt. Und darauf brachte die Königin noch ein Mädchen zur Welt, „das war so schön und lieblich, dass man nie ein so schönes Kind gesehen hatte; … die älteste nannte sie Zottelhaube, weil sie so schlampig und hässlich war und eine Kappe hatte, die ihr in Zotteln ums Gesicht hing, die Königin wollte nichts von ihr wissen und wollte die beiden trennen – aber die waren unzertrennlich."[68]

Ein grundlegendes Problem von Menschen, das sich hier im Königspaar ausdrückt: Das Königspaar ist unfruchtbar (und das Königspaar steht symbolisch für das Gesamt einer Sozietät), das Leben kommt zu einem Stillstand, und durch das fremde Mädchen und dann durch die arme fremde Frau kommt Bewegung in diese festgefahrene Situation, allerdings nicht gerade so, wie es sich die Königin zunächst vorgestellt hat – aber das Leben wird dynamisch, und man kann sich vorstellen, dass mit der Zottelhaube viel „Wildes", Ungezähmtes und Vitales an diesen Königshof kommt und integriert werden muss, das offenbar gefehlt und zu diesem sterilen Leben geführt hat. Ich verlasse hier das Märchen, natürlich gibt es noch wilde Auseinandersetzungen mit Hexen und Trollen, bevor Zottelhaube in eine bildhübsche Frau verwandelt wird.

Das grundlegende menschliche Problem, das in diesem Märchen ausgedrückt ist: Leben kommt immer einmal zu einem Stillstand, die Entwicklung zur eigenen Identität geht nicht weiter, es könnte sich um eine vorübergehend blockierte Kreativität handeln, vielleicht um einen Lebensübergang, um den man sich zu drücken versucht. In diesem Märchen zeigt sich eine mögliche Entwicklung, die diesen Stillstand aufhebt.

Bei den Entwicklungen im Märchen spielen Fremde, aber auch das Fremde und die Fremde eine zentrale Rolle. Grundsätzlich geht es bei den Märchen darum, dass man das Fremde entweder in das Vertraute hereinholt – oder selbst in die Fremde aufbricht. Im Märchen *Zottelhaube* zeigt sich das Fremde zunächst im fremden Kind, das das Königspaar annimmt. Verbunden mit diesem Fremden, oder auch ausgedrückt in diesem Fremden, ist Vernachlässigtes, Ausgegrenztes, dargestellt in der armen Bettlerin, die zwar bettelarm ist, sich aber noch mit der Natur auskennt. Eine Form der Identität, die nicht anerkannt wird im vorherrschenden Bewerten von Lebensentwürfen.

Was lernen wir ganz allgemein in den Märchen? Märchenheldinnen und Märchenhelden müssen und wollen sich entwickeln, um der Not abzuhelfen. Sie müssen sich auf den Weg machen, aufbrechen ins Fremde hinein, weit weg, meistens mit wenigstens einer hilfreichen Gestalt (etwa dem Fuchs); Märchen öffnen Wege für die Fantasien des Gelingens. Die Fremde ist ein Ort, an dem man sich verwirklichen kann (so z.B. im rätoromanischen Märchen *Das Dreizehnerlein*). Märchenheldinnen und Märchenhelden sind neugierig, explorieren die Welt und sie sind mutig. Sie tun, was in ihrer Kraft liegt, und dann lassen sie sich helfen.

Diese Wege des Gelingens können übertragen werden auf die Entwicklung der Identität von Menschen im Alltag. Auch unsere Entwicklung verdankt sich der Integration von fremden Seiten an uns selber, die uns zunächst verborgen sind.

Versetzen wir uns gedanklich in einen bestimmten Zeitpunkt unseres Lebens. Was war uns mit zwanzig Jahren noch alles fremd! Wir sehen das noch Fremde an anderen Menschen, an älteren: „Ich werde auch einmal zur ‚tragenden Generation' gehören, aber ich mache es dann ganz anders." – „Sonderbar, wie sich diese ‚Alten' – und man meinte damit die Vierzigjährigen – benehmen. Was denen wichtig ist!!!" – „Ich werde auch einmal älter und schwächer werden …" Und dann ist uns das alles plötzlich nicht mehr fremd.

Als fremd und gleichzeitig wesentlich für uns erleben wir Entwicklungsaufgaben in dem Moment, wenn sie zur Bewältigung anstehen. Das als noch fremd Anmutende zerstört das Vertraute, stellt zumindest das Vertraute in Frage, bringt eine Identitätsunsicherheit, steht für einen Identitätswandel. Für den, dem Entwicklung wichtig ist, ist das kein Problem, ist sogar erwünscht. Wer keine Veränderung haben möchte – und es gibt kein Leben ohne Veränderung –, für den ist aller

Einbruch des Fremden ein schlechter Einfall des Schicksals. Ohne das Fremde in uns würden wir uns nicht entwickeln. Aber das Fremde in uns fordert uns heraus, ist immer auch eine Anfrage an unsere Identität: Gibt es auch genug Vertrautes? Kann ich mich auf mich verlassen, in dem, was schon erlebt und integriert ist, habe ich Lebenskompetenz und damit ein hinreichend gutes Selbstwertgefühl, kann ich mich als einigermaßen gefestigte Persönlichkeit auch immer einmal wieder selbst in Frage stellen? Das gilt auch gesellschaftlich: Haben wir ein hinreichend sicheres Wir-Gefühl, Vertrauen zueinander, eine Basis des sicheren Selbstverständnisses – mit dem wir uns Herausforderungen durch Fremdes und Fremde stellen können, ohne dass wir in Angst und Panik ausbrechen?

Wenn uns das Fremde ängstigt, uns Erfahrungen, die uns befremden, uns herausfordern, ängstigen, dann wollen wir Veränderungen und Wandlungen vermeiden: Wir versuchen, unsere Erfahrungen zu kontrollieren, sagen dann etwa, wir würden das alles schon kennen und versuchen unter der Hand, Fremdes zu Altbekanntem zu machen. Und dennoch: Es gelingt nicht, wir erleben Fremdes an uns. Und es wird – weil nicht kontrollierbar – immer wieder auch als unheimlich, als böse erlebt.

Das Fremde in mir

Das Fremde in uns können wir in den Träumen erleben. Etwa ein Viertel aller Traumgestalten sind uns fremd.

Diese Fremden können uns faszinieren oder aber auch ängstigen, sie können uns neugierig machen, aber auch abstoßen: Was will denn der Einbrecher in meinem Traum? Aber auch: Was will die geheimnisvolle, große Gestalt am Gartentor? Träume sind unsere ureigenste Schöpfung im Schlaf. Deshalb können wir auch die Träume als Ausdruck unserer Persönlichkeit in der Vergangenheit und in der Zukunft sehen. In den Träumen zeigt sich das Fremde in uns – gewöhnungsbedürftig manchmal, befremdlich, unheimlich, aber oft auch einfach anregend, interessant.

Die Neugier auf uns selbst: Wir selber, unser Leben, unsere Gefühle, unsere Träume – noch immer ist viel Geheimnisvolles da, noch immer sind wir uns selbst, auch im höheren Alter, für Überraschungen gut. Dann zeigt sich das Fremde nicht in den Träumen, sondern in unserem alltäglichen Fühlen und Verhalten oder in unseren Vorstellungen. Wir können das einfach etwas erstaunt hinnehmen oder aber interessiert genauer hinsehen und dabei Fremdes, Neues entdecken. Manchmal ist es Anlass zu Freude oder aber auch zum Ärger: Wir entdecken Seiten an uns, die uns nicht so gefallen, werden ärgerlich, sind mit uns selbst uneins – oder wir verdrängen diese Seiten. Wir haben da noch unbekannte Seiten an uns entdeckt, die wir zunächst nicht akzeptieren können.

Neugier – wir Menschen mögen Neues, Unvertrautes, Spannendes: Wir wollen explorieren, die Welt erkunden, wissen, was es denn noch zusätzlich gibt. Das ist die große Chance für unsere Entwicklung, für das Fremde und auch für die Fremden: Wenn wir explorieren, dann sind wir in Vorfreude, etwas Interessantes herauszufinden. Und weil das Fremde so lustvolle Tätigkeit verspricht, sind wir fasziniert vom Fremden, wesentlich mehr als vom Bekannten. Es gibt die Neugier – keine Altgier.

Und so, wie wir uns mit eigenen fremden Seiten vertraut machen können, besonders, wenn sie uns auch gefallen, können wir uns auch mit fremden Menschen vertraut machen, nach und nach. Aber wir wissen natürlich, dass das, was uns fremd ist, auch so sein kann wie wir selbst: liebevoll, zugewandt, aber auch verachtend, bösartig, besitzergreifend. Eine gewisse Vorsicht ist angesagt. Die Vorsicht kann so weit gehen, dass nackte Angst vor dem Unvertrauten besteht. Man fühlt sich dann ausschließlich bedroht vom Fremden. Kein Ausgreifen in die Welt macht dann mehr Lust, kein Vertrauen ist da, dass man mit der neuen Situation zurechtkommt. Nur böse Erfahrungen werden erwartet. Und dann wird das Böse auf die Fremden projiziert – noch bevor sie sich überhaupt mit einem in Verbindung gesetzt haben. Die Fremden sollen schuld sein an der Verstörung. Wenn wir Angst vor dem Fremden in unserer eigenen Psyche haben, werden wir die Bedrohung projizieren, auf die anderen. Wir werden uns aber weit weniger verändern in unserer Identität, als es uns möglich wäre. Wir fühlen uns bedroht, sollten uns aber wieder besinnen auf unsere Kompetenz, aber auch auf unsere Selbstwirksamkeit, auf die Überzeugung, das eigene Leben gestalten zu können, auch in schwierigen Zeiten.

Zum Schluss: Das eigene Leben erzählen

Das Finden der eigenen Persönlichkeit – das Finden unserer Identität und das Erfinden unserer Identität – ist lebenslang in Arbeit. Körper und Psyche verändern sich, Beziehungen verändern sich, die Welt verändert sich. Das kann sich langsam und kontinuierlich abspielen, oder es kann krisenhaft geschehen, in Einbrüchen von Schicksal. Wir wandeln uns, verändern uns – und bleiben dennoch auch dieselben.

Menschen erzählen gerne, vor allem wenn ihnen jemand gut zuhört. Im Erzählen wird uns bewusst, was wir gerade jetzt erfahren, was wir schon erlebt haben und auch noch zu erfahren hoffen, und dies im Austausch mit anderen Menschen, die auch gerne erzählen.

Wenn wir von unserem Leben erzählen, erzählen wir von wichtigen Erfahrungen in unserem Leben, schmücken sie auch etwas aus, erzählen einander interessante Geschichten. Diese handeln oft von den Knotenpunkten unseres Lebens und sind deshalb auch Knotenpunkte unserer sich wandelnden Biografie. Indem wir aus unserer Biografie erzählen, holen wir diese wichtigen Erfahrungen auch wieder ins Bewusstsein und ins Gefühl zurück. Wenn wir wirklich erzählen und einander nicht bloß informieren, vergegenwärtigen wir uns in der Vorstellung bestimmte Situationen und Erfahrungen in unserem Leben und holen sie auch emotional zurück ins aktuelle Lebensgefühl. Wir erinnern uns etwa daran, wie wir als Vorschulkind Spiele gespielt haben, die uns mit Freude oder freudigem Stolz erfüllt haben. In der Vergegenwärtigung dieser Erfahrungen erleben wir auch die damit verbundenen Gefühle und spüren, dass wir dieses Kind immer auch noch sind, gewinnen neu Kontakt zu der Freude, die wir damals erlebt haben.

Wir erzählen uns Geschichten von guten Erfahrungen, aber auch von ganz schwierigen Erfahrungen, wir erzählen Geschichten über Themen, die grundsätzlich – überall – zum Leben gehören wie z.B. die Erfahrungen an Lebensübergängen, unsere Ängste und Kompetenzen, aber auch von unseren Freundschaften, vielleicht beginnend mit der ersten Kinderfreundschaft. Wir erzählen einander, was wir mit dem ersten selbstverdienten Geld gemacht haben, von unserer ersten eigenen Wohnung und von vielem mehr. Dabei ist zu bedenken, dass unsere jeweiligen Erinnerungen beeinflusst und abhängig sind von den jeweils vorherrschenden Gefühlen: Sind wir freudig gestimmt, fallen uns leichter freudige Erinnerungen ein, als wenn wir ärgerlich sind. Sind wir in einem Ressentiment gefangen, dann fallen uns Erinnerungen ein, die dieses Ressentiment nähren. Je mehr Emotionen uns zugänglich sind – auch in Abhängigkeit zu den Menschen, denen wir etwas aus unserem Leben erzählen –, desto farbiger wird unsere Lebensgeschichte, desto besser unser Lebensgefühl[69] und damit auch unser Selbstgefühl. Damit wächst das Selbstvertrauen, dass wir auch anstehende Herausforderungen im Leben bewältigen können, wie immer die Zeiten auch sein mögen. Deshalb ist es hilfreich, wenn wir aus einer guten Stimmung heraus, etwa stimuliert durch eine Erinnerung an eine gute Erfahrung, uns wechselseitig Geschichten erzählen.

Zum Rückblick auf das Leben, zum Wiedererleben von bestimmten wichtigen Aspekten unserer Identität, gehören nicht nur Geschichten über Beruf, über Familie, über wichtige Lebensübergänge, sondern auch die Erinnerung an Geschichten, die uns geprägt haben. Bei einigen Menschen sind das Märchen, bei anderen geliebte Bücher, Lieder und ganz allgemein Musik, mit denen wir aufgewachsen sind – da zeigen sich natürlich auch Unterschiede zwischen Menschen, und einiges wurde auch einfach vergessen. Aber durch die Geschichten, die andere erzählen, werden auch eigene Erinnerungen wiederbelebt. Es geht dabei aber nicht nur um die Vergangenheit, auch Geschichten und Filme, Kunstwerke, die uns aktuell beschäftigen, bringen uns einander im Gespräch darüber näher, durchaus auch in der Differenz – aber alle sind wir Geschichtenerzähler und Geschichtenerzählerinnen, wenn man uns denn lässt, wenn man uns zuhört und wenn wir selbst uns erzählen lassen. Erzählen wir einander aus unserem Leben, kommen sich auch Menschen, die sich nicht kennen, die sich fremd sind, rasch näher und erinnern auch eigene entsprechende Geschichten, die allerdings ganz anders sein können. Das sollten wir nutzen: Wenn wir anderen Menschen näherkommen wollen, auch Fremden, können wir aus unserem Leben erzählen und werden dann leichter vertraut miteinander, spüren auch, dass wir alles Menschen sind mit ähnlichen Freuden und Leiden, und wir zeigen uns in unserer Identität – wie sie geworden ist.

Im Erzählen vergewissern wir uns unserer Identität – und spüren für einen Moment auch den Reichtum des eigenen gelebten Lebens, die Kompetenz, die wir uns im Laufe des Lebens erarbeiteten, indem wir uns den Herausforderungen gestellt haben. Im Erzählen spüren wir auch eine tiefe menschliche Beziehung zu anderen Menschen, und wir haben auch Anteil an den Geschichten der anderen – auch das ein großer Reichtum.

Die autobiografischen Erinnerungen und die damit verbundenen Geschichten sind unabdingbar auch für die aktuelle Entwicklung von Identität, denn sie begründen unsere Identität, machen sie im Gewordensein sichtbar, und sie geben auch unseren Erwartungen an unsere Zukunft eine Richtung. Damit haben sie einen unmittelbaren Einfluss auf das aktuelle Lebensgefühl, das Selbsterleben, das Selbstvertrauen und die Erfahrung von Selbstwirksamkeit.

Dank

Allen, die mich durch ihr Interesse, ihre Beiträge, Fragen, Zweifel zu diesem Text angeregt haben, danke ich sehr herzlich. Ganz besonders herzlich danken möchte ich Christiane Neuen, die geholfen hat, aus einem Redemanuskript doch noch ein Buch herzustellen. Darüber hinaus hat sie wie immer mit großer Einfühlung, Präzision und Fachkenntnis meinen Text redigiert. Die Zusammenarbeit war wie immer sehr erfreulich.

Anhang

Anmerkungen

1 Kant, Immanuel (1784, 2004): Was ist Aufklärung? In: UTOPIE kreativ, H. 159, Januar 2004, S. 5.
2 Ehrenberg, Alain (2004, 2008): Das erschöpfte Selbst. Depression und Gesellschaft in der Gegenwart. Suhrkamp, Frankfurt am Main, S. 304.
3 Brockhaus-Enzyklopädie. In vierundzwanzig Bänden (1989). Bd. 10: Herr – Is. 19., völlig neubearb. Aufl. Brockhaus, Mannheim, S. 373.
4 Keupp, Heiner (1988): Riskante Chancen. Das Subjekt zwischen Psychokultur und Selbstorganisation. Asanger, Heidelberg.
5 Beck, Ulrich (1986): Risikogesellschaft. Auf dem Weg in eine andere Moderne. Suhrkamp, Frankfurt am Main.
6 Thoits, Peggy (1986): Multiple identities and psychological wellbeing. In: American Sociological Review, 51, 1986, S. 259–272.
7 Sherman, Cindy / Dickhoff, Wilfried (1995): Sherman Cindy im Gespräch mit Wilfried Dickhoff. Kiepenheuer & Witsch, Köln.
8 Domin, Hilde (1987, 2013): Gesammelte Gedichte. S. Fischer, Frankfurt am Main, S. 13.
9 Vgl. de Levita, David J. (1971, 2002): Der Begriff der Identität. Psychosozial-Verlag, Gießen.
10 Vgl. 1. Mose 24,35.
11 Hesse, Hermann (1970): Der Steppenwolf. In: Gesammelte Werke, Bd. 7: Kurgast. Die Nürnberger Reise. Der Steppenwolf. Suhrkamp, Frankfurt am Main, S. 242.
12 Vgl. Rousseau, Jean-Jacques (1762, 2001): Emil oder Über die Erziehung. In neuer dt. Fassung besorgt von Ludwig Schmidts. 13., unveränd. Aufl. Schöningh, Paderborn.
13 De Beauvoir, Simone (1951, 1968): Das andere Geschlecht. Sitte und Sexus der Frau. Rowohlt, Reinbek bei Hamburg.
14 Floridi, Luciano: Die 4. Revolution. Wie die Infosphäre unser Leben verändert. Aus dem Englischen von Axel Walter. Suhrkamp, Berlin 2015.

15 Stern, Daniel N. (1986, 1992): Die Lebenserfahrung des Säuglings. Aus dem Amerikanischen von Wolfgang Krege. 2. Aufl. Klett-Cotta, Stuttgart.

16 Panksepp, Jaak / Biven, Lucy (2012): The Archaeology of Mind. Neuroevolutionary Origins of Human Emotions. Norton, New York.

17 Bischof-Köhler, Doris (2011): Soziale Entwicklung in Kindheit und Jugend. Bindung, Empathie, Theory of Mind. Kohlhammer, Stuttgart.

18 Stern, Daniel N. (1998): Das narrative Selbst. In: Peter Buchheim / Manfred Cierpka / Theodor Seifert: Das Narrativ – aus dem Leben Erzähltes. Springer, Berlin / Heidelberg / New York, S. 1–13.

19 Bank, Stephen P. / Kahn, Michael D. (1990): Geschwister-Bindung. Aus dem Amerikanischen von Irmgard Hölscher. Junfermann, Paderborn, S. 89–94.

20 Kast, Verena (1996, 2015): Über sich hinauswachsen. Neid und Eifersucht als Chancen für die persönliche Entwicklung. Aktualisierte Neuausg. Patmos, Ostfildern (ursprünglich erschienen unter dem Titel: „Neid und Eifersucht. Die Herausforderung durch unangenehme Gefühle"), S. 118ff.

21 Vgl. Kast, Verena (1999, 2012): Vater-Töchter, Mutter-Söhne. Wege zur eigenen Identität aus Vater- und Mutterkomplexen. 4. Aufl. der Neuausg. 2005, Kreuz, Freiburg im Breisgau, S. 55.

22 Bank/Kahn (1990), S. 92.

23 Ebd., S. 94.

24 Vgl. Winnicott, Donald W. (1986, 1990): Der Anfang ist unsere Heimat. Zur gesellschaftlichen Entwicklung des Individuums. Aus dem Englischen von Irmela Köstlin. Klett-Cotta, Stuttgart, S. 73ff.

25 Vgl. Kast, Verena (2009, 2015): Paare. Wie Phantasien unsere Liebesbeziehungen prägen. Neuausg. Kreuz, Stuttgart.

26 Bonhoeffer, Dietrich (2011): Wer bin ich? In: Ders.: Widerstand und Ergebung. Briefe und Aufzeichnungen aus der Haft. Vollständige Ausgabe versehen mit Einleitung, Anmerkungen und Kommentaren. Dietrich Bonhoeffer Werke, Bd. 8. Gütersloher Verlagshaus, Gütersloh, S. 513.

27 Frisch, Max (1950): Tagebuch 1946–1949. Suhrkamp, Frankfurt am Main, S. 33.

28 Vgl. Heidegger, Martin (1927, 1963): Sein und Zeit. Max Niemeyer, Tübingen, § 27.

29 Vgl. Illouz, Eva (2011): Warum Liebe weh tut. Eine soziologische Erklärung. Aus dem Englischen von Michael Adrian. Suhrkamp, Berlin, S. 387ff.

30 Zum Thema Schatten siehe: Kast, Verena (1999, 2018): Der Schatten in uns. Die subversive Lebenskraft. 2. Aufl. der Neuausgabe. Patmos, Ostfildern.

31 Vgl. Erikson, Erik H. (1971): Identität und Lebenszyklus. Drei Aufsätze. Suhrkamp, Frankfurt am Main; vgl. auch Kast, Verena (2003): Trotz allem Ich. Gefühle des Selbstwerts und der Identität. Herder, Freiburg im Breisgau, S. 59ff.

32 Jung, C. G. (1934, 2015): Die Beziehungen zwischen dem Ich und dem Unbewussten. In: GW 7: Zwei Schriften über Analytische Psychologie. Hg. von Marianne Niehus-Jung / Lena Hurwitz-Eisner / Franz Riklin / Leonie Zander. Sonderausgabe, 4. Aufl. Edition C. G. Jung im Patmos Verlag, Kap. 5: Die Funktion des Unbewußten, §§ 266–295.

33 Erdheim, Mario (1990): Wie familiär ist der Psychoanalyse das Unbewusste? In: Christa Rohde-Dachser (Hg.): Zerstörter Spiegel. Psychoanalytische Zeitdiagnosen. Vandenhoeck & Ruprecht, Göttingen, S. 29.

34 Vgl. Meyer, Martin (2012): Das Gehirn von Jugendlichen ist eine Baustelle. In: Prisma 4, S. 4–7.

35 Vgl. Marcia, J. E. (1966): Development and validation of ego identity status. In: Journal of Personality and Social Psychology 3, S. 551–558; Erikson, Erik H. (1970, 2003): Jugend und Krise. Die Psychodynamik im sozialen Wandel. Aus dem Englischen von Marianne von Eckardt-Jaffé. 5. Aufl. Klett-Cotta, Stuttgart.

36 Vgl. Inge Seiffge-Krenkes Vortrag „Identitätsentwicklung in der Adoleszenz". http://www.equals.ch/files/vortraege/690/identitaetsentwicklung-in-der-adoleszenz.pdf, S. 11.

37 Vgl. Kast (1996, 2015): Über sich hinauswachsen.

38 Vgl. Kast, Verena (1987, 2017): Der schöpferische Sprung. Vom therapeutischen Umgang mit Krisen. Erweiterte Neuausgabe. Patmos, Ostfildern; dies. (2000, 2014): Lebenskrisen werden Lebenschancen. Wendepunkte des Lebens aktiv gestalten. 11. Aufl. Herder, Freiburg im Breisgau.

39 Vgl. Kast, Verena (1982, 2014): Trauern. Phasen und Chancen des psychischen Prozesses. 2. Aufl. der erw. Neuausg. (36. Gesamtaufl.) Kreuz, Stuttgart.

40 Vgl. Panksepp/Biven (2012): The Archaeology of Mind.

41 Vgl. Aristoteles (1966): Nikomachische Ethik. Schöningh, Paderborn, IV, 26a.

42 Vgl. Jaspers, Karl (1973): Philosophie II. Existenzerhellung. 4. Aufl. Springer, Berlin / Heidelberg / New York, S. 196.

43 Vgl. Kast, Verena (1996, 2014): Vom Sinn der Angst. Wie Ängste sich festsetzen und wie sie sich verwandeln lassen. 7. Aufl. (13. Gesamtaufl.) Herder, Freiburg im Breisgau.

44 Vgl. Kast, Verena (1998, 2014): Abschied von der Opferrolle. Das eigene Leben leben. 15. Aufl. Herder, Freiburg im Breisgau.

45 Vgl. Kast (2009, 2015): Paare.

46 Vgl. Kast (1982, 2014): Trauern, S. 188ff.

47 Vgl. Ebd.

48 Vgl. Tripplet, Kelly N. / Tedeschi, Richard G. / Cann, Arnie / Calhoun, Lawrence G. / Reeve, Charlie L.: Posttraumatic growth, meaning in life and life satisfaction in response to trauma. In: Psychological Trauma: Theory, Research, Practice and Policy. 2011. American Psychological Association. Advance online publication. Doi: 10.1037/a0024204, S. 1.

49 Vgl. Kast (1996, 2015): Über sich hinauswachsen, S. 43.

50 Sartre, Jean-Paul (1956, 2012): Die Wörter. Autobiographische Schriften. Rowohlt, Reinbek bei Hamburg, S. 48f.

51 Levinas, Emmanuel (1993, 2003): Totalität und Unendlichkeit. Albers, Freiburg im Breisgau, S. 122.

52 Jung, C. G. (1961, 2015): Symbole und Traumdeutung. In: GW18/I: Das symbolische Leben. Verschiedene Schriften. Hg. von Lilly Jung-Merker / Elisabeth Rüf. Sonderausgabe, 3. Aufl. Edition C. G. Jung im Patmos Verlag, § 417.

53 Vgl. Jung, C. G. (1952, 2017): GW 5: Symbole der Wandlung. Analyse des Vorspiels zu einer Schizophrenie. Hg. von Lilly Jung-Merker / Elisabeth Rüf. Sonderausgabe, 5. Aufl. Edition C. G. Jung im Patmos Verlag, § 344.

54 Vgl. Kast, Verena (2017): Wider Angst und Hass. Das Fremde als Herausforderung zur Entwicklung. Patmos, Ostfildern.

55 Jiménez, Juan Ramos (1979): Falter aus Licht. Limes, Wiesbaden/München, S. 21.

56 Vgl. Fromm, Erich (1941, 1989): Die Furcht vor der Freiheit. In: Ders.: Gesamtausgabe in zehn Bänden. Bd. 1: Analytische Sozialpsychologie. dtv, München, S. 337.

57 Vgl. Kast (1999, 2018): Der Schatten in uns.

58 Vgl. Kast (2009, 2015): Paare, S. 194ff.

59 Vgl. Kast (1999, 2018): Der Schatten in uns.

60 Jung, C. G. (1929, 2011): Kommentar zu „Das Geheimnis der Goldenen Blüte". In: GW 13: Studien über alchemistische Vorstellungen. Hg. von Lilly Jung-Merker / Elisabeth Rüf. Sonderausgabe, 3. Aufl. Edition C. G. Jung im Patmos Verlag, § 18.

61 Ebd., § 19.

62 Jung, C. G. (1931, 2011): Die Lebenswende. In: GW 8: Die Dynamik des Unbewußten. Hg. von Marianne Niehus-Jung / Lena Hurwitz-Eisner / Franz Riklin / Lilly Jung-Merker / Elisabeth Rüf. Sonderausgabe, 4. Aufl. Edition C. G. Jung im Patmos Verlag, § 772.

63 Vgl. z.B. Damasio, Antonio (2011): Selbst ist der Mensch. Siedler, München, S. 283ff.

64 Vgl. Kast, Verena (1990, 2016): Die Dynamik der Symbole. Grundlagen der Jung'schen Psychotherapie. Neuausgabe. Patmos, Ostfildern.

65 Vgl. Riedel, Ingrid (1997): Träume als Wegweiser in neue Lebensphasen. Kreuz, Stuttgart.

66 Traum aus: Riedel, Ingrid (Hg). (1995): Die vier Elemente im Traum. Walter, Düsseldorf, S. 61 (Traum gekürzt).

67 Zottelhaube. Aus: Norwegische Volksmärchen (1967): Hg. und übers. von Klara Stroebe und Reidar Th. Christiansen. Diederichs, Köln, S. 176.

68 Ebd.; vgl. Kast, Verena (2013): Zottelhaube. In: Dies.: Die Blume des Glücks und andere Märchen von Autonomie und Selbstbestimmung. 2. Aufl. Patmos, Ostfildern, S. 13–40.

69 Kast, Verena (2010, 2018): Was wirklich zählt ist das gelebte Leben. Die Kraft des Lebensrückblicks. Neuausg. (4. Gesamtaufl.) Herder, Freiburg im Breisgau.

Literatur

Aristoteles (1966): Nikomachische Ethik. Schöningh, Paderborn.

Bank, Stephen P. / Kahn, Michael D. (1990): Geschwister-Bindung. Aus dem Amerikanischen von Irmgard Hölscher. Junfermann, Paderborn.

Beck, Ulrich (1986): Risikogesellschaft. Auf dem Weg in eine andere Moderne. Suhrkamp, Frankfurt am Main.

Bischof-Köhler, Doris (2011): Soziale Entwicklung in Kindheit und Jugend. Bindung, Empathie, Theory of Mind. Kohlhammer, Stuttgart.

Bonhoeffer, Dietrich (2011): Widerstand und Ergebung. Briefe und Aufzeichnungen aus der Haft. Vollständige Ausgabe versehen mit Einleitung, Anmerkungen und Kommentaren. Dietrich Bonhoeffer Werke, Bd. 8. Gütersloher Verlagshaus, Gütersloh.

Brockhaus-Enzyklopädie. In vierundzwanzig Bänden (1989). Bd. 10: Herr – Is. 19., völlig neubearb. Aufl. Brockhaus, Mannheim.

Damasio, Antonio (2011): Selbst ist der Mensch. Siedler, München.

De Beauvoir, Simone (1951, 1968): Das andere Geschlecht. Sitte und Sexus der Frau. Rowohlt, Reinbek bei Hamburg.

De Levita, David J. (1971, 2002): Der Begriff der Identität. Psychosozial-Verlag, Gießen.

Domin, Hilde (1987, 2013): Gesammelte Gedichte. S. Fischer, Frankfurt am Main.

Ehrenberg, Alain (2004, 2008): Das erschöpfte Selbst. Depression und Gesellschaft in der Gegenwart. Suhrkamp, Frankfurt am Main.

Erdheim, Mario (1990): Wie familiär ist der Psychoanalyse das Unbewusste? In: Christa Rohde-Dachser (Hg.): Zerstörter Spiegel. Psychoanalytische Zeitdiagnosen. Vandenhoeck & Ruprecht, Göttingen, S. 17–31.

Erikson, Erik H. (1970, 2003): Jugend und Krise. Die Psychodynamik im sozialen Wandel. Aus dem Englischen von Marianne von Eckardt-Jaffé. 5. Aufl. Klett-Cotta, Stuttgart.

Erikson, Erik H. (1971): Identität und Lebenszyklus. Drei Aufsätze. Suhrkamp, Frankfurt am Main.

Floridi, Luciano: Die 4. Revolution. Wie die Infosphäre unser Leben verändert. Aus dem Englischen von Axel Walter. Suhrkamp, Berlin 2015.

Frisch, Max (1950): Tagebuch 1946–1949. Suhrkamp, Frankfurt am Main.

Fromm, Erich (1941, 1989): Die Furcht vor der Freiheit. In: Ders.: Gesamtausgabe in zehn Bänden. Bd. 1: Analytische Sozialpsychologie. dtv, München.

Heidegger, Martin (1927, 1963): Sein und Zeit. Max Niemeyer, Tübingen.

Hesse, Hermann (1970): Der Steppenwolf. In: Gesammelte Werke, Bd. 7: Kurgast. Die Nürnberger Reise. Der Steppenwolf. Suhrkamp, Frankfurt am Main.

Illouz, Eva (2011): Warum Liebe weh tut. Eine soziologische Erklärung. Aus dem Englischen von Michael Adrian. Suhrkamp, Berlin.

Jaspers, Karl (1973): Philosophie II. Existenzerhellung. 4. Aufl. Springer, Berlin / Heidelberg / New York.

Jiménez, Juan Ramos (1979): Falter aus Licht. Limes, Wiesbaden/ München.

Jung, C. G. (1929, 2011): Kommentar zu „Das Geheimnis der Goldenen Blüte". In: GW 13: Studien über alchemistische Vorstellungen. Hg. von Lilly Jung-Merker / Elisabeth Rüf. Sonderausgabe, 3. Aufl. Edition C. G. Jung im Patmos Verlag , §§ 1–84.

Jung, C. G.: (1931, 2011): Die Lebenswende. In: GW 8: Die Dynamik des Unbewußten. Hg. von Marianne Niehus-Jung / Lena Hurwitz-Eisner / Franz Riklin / Lilly Jung-Merker / Elisabeth Rüf. Sonderausgabe, 4. Aufl. Edition C. G. Jung im Patmos Verlag, §§ 749–795.

Jung, C. G. (1934, 2015): Die Beziehungen zwischen dem Ich und dem Unbewussten. In: GW 7: Zwei Schriften über Analytische Psychologie. Hg. von Marianne Niehus-Jung / Lena Hurwitz-Eisner / Franz Riklin / Leonie Zander. Sonderausgabe, 4. Aufl. Edition C. G. Jung im Patmos Verlag, Kap. 5: Die Funktion des Unbewußten, §§ 266–295.

Jung, C. G. (1952, 2017): GW 5: Symbole der Wandlung. Analyse des Vorspiels zu einer Schizophrenie. Hg. von Lilly Jung-Merker / Elisabeth Rüf. Sonderausgabe, 5. Aufl. Edition C. G. Jung im Patmos Verlag.

Jung, C. G. (1961, 2015): Symbole und Traumdeutung. In: GW18/I: Das symbolische Leben. Verschiedene Schriften. Hg. von Lilly Jung-Merker / Elisabeth Rüf. Sonderausgabe, 3. Aufl. Edition C. G. Jung im Patmos Verlag, §§ 416–607.

Kant, Immanuel (1784, 2004): Was ist Aufklärung? In: UTOPIE kreativ, H. 159, Januar 2004, S. 5–10.

Kast, Verena (1982, 2014): Trauern. Phasen und Chancen des psychischen Prozesses. 2. Aufl. der erw. Neuausg. (36. Gesamtaufl.) Kreuz, Stuttgart.

Kast, Verena (1987, 2017): Der schöpferische Sprung. Vom therapeutischen Umgang mit Krisen. Erweiterte Neuausgabe. Patmos, Ostfildern.

Kast, Verena (1990, 2016): Die Dynamik der Symbole. Grundlagen der Jung'schen Psychotherapie. Neuausgabe. Patmos, Ostfildern.

Kast, Verena (1996, 2014): Vom Sinn der Angst. Wie Ängste sich festsetzen und wie sie sich verwandeln lassen. 7. Aufl. (13. Gesamtaufl.) Herder, Freiburg im Breisgau.

Kast, Verena (1996, 2015): Über sich hinauswachsen. Neid und Eifersucht als Chancen für die persönliche Entwicklung. Aktualisierte Neuausg. Patmos, Ostfildern (ursprünglich erschienen unter dem Titel: „Neid und Eifersucht. Die Herausforderung durch unangenehme Gefühle").

Kast, Verena (1998, 2014): Abschied von der Opferrolle. Das eigene Leben leben. 15. Aufl. Herder, Freiburg im Breisgau.

Kast, Verena (1999, 2012): Vater-Töchter, Mutter-Söhne. Wege zur eigenen Identität aus Vater- und Mutterkomplexen. 4. Aufl. der Neuausg. 2005, Kreuz, Freiburg im Breisgau.

Kast, Verena (1999, 2018): Der Schatten in uns. Die subversive Lebenskraft. 2. Aufl. der Neuausgabe. Patmos, Ostfildern.

Kast, Verena (2000, 2014): Lebenskrisen werden Lebenschancen. Wendepunkte des Lebens aktiv gestalten. 11. Aufl. Herder, Freiburg im Breisgau.

Kast, Verena (2003): Trotz allem Ich. Gefühle des Selbstwerts und der Identität. Herder, Freiburg im Breisgau.

Kast, Verena (2009, 2015): Paare. Wie Phantasien unsere Liebesbeziehungen prägen. Neuausg. Kreuz, Stuttgart.

Kast, Verena (2010, 2018): Was wirklich zählt ist das gelebte Leben. Die Kraft des Lebensrückblicks. Neuausg. (4. Gesamtaufl.) Herder, Freiburg im Breisgau.

Kast, Verena (2013): Die Blume des Glücks und andere Märchen von Autonomie und Selbstbestimmung. 2. Aufl. Patmos, Ostfildern.

Kast, Verena (2017): Wider Angst und Hass. Das Fremde als Herausforderung zur Entwicklung. Patmos, Ostfildern.

Keupp, Heiner (1988): Riskante Chancen. Das Subjekt zwischen Psychokultur und Selbstorganisation. Asanger, Heidelberg.

Levinas, Emmanuel (1993, 2003): Totalität und Unendlichkeit. Albers, Freiburg im Breisgau.

Marcia, J. E. (1966): Development and validation of ego identity status. In: Journal of Personality and Social Psychology 3, S. 551–558.

Meyer, Martin (2012): Das Gehirn von Jugendlichen ist eine Baustelle. In: Prisma 4, S. 4–7.

Norwegische Volksmärchen (1967): Hg. und übers. von Klara Stroebe und Reidar Th. Christiansen. Diederichs, Köln.

Panksepp, Jaak / Biven, Lucy (2012): The Archaeology of Mind. Neuroevolutionary Origins of Human Emotions. Norton, New York.

Riedel, Ingrid (Hg). (1995): Die vier Elemente im Traum. Walter, Düsseldorf.

Riedel, Ingrid (1997): Träume als Wegweiser in neue Lebensphasen. Kreuz, Stuttgart.

Rousseau, Jean-Jacques (1762, 2001): Emil oder Über die Erziehung. In neuer dt. Fassung besorgt von Ludwig Schmidts. 13., unveränd. Aufl. Schöningh, Paderborn.

Sartre, Jean-Paul (1956, 2012): Die Wörter. Autobiographische Schriften. Rowohlt, Reinbek bei Hamburg.

Seiffge-Krenke Inge (o. J.): Identitätsentwicklung in der Adoleszenz. Vortrag. http://www.equals.ch/files/vortraege/690/identitaetsentwicklung-in-der-adoleszenz.pdf.

Sherman, Cindy / Dickhoff, Wilfried (1995): Sherman Cindy im Gespräch mit Wilfried Dickhoff. Kiepenheuer & Witsch, Köln.

Stern, Daniel N. (1986, 1992): Die Lebenserfahrung des Säuglings. Aus dem Amerikanischen von Wolfgang Krege. 2. Aufl. Klett-Cotta, Stuttgart.

Stern, Daniel N. (1998): Das narrative Selbst. In: Peter Buchheim / Manfred Cierpka / Theodor Seifert: Das Narrativ – aus dem Leben Erzähltes. Springer, Berlin / Heidelberg / New York, S. 1–13.

Thoits, Peggy (1986): Multiple identities and psychological wellbeing. In: American Sociological Review, 51, 1986, S. 259–272.

Tripplet, Kelly N. / Tedeschi, Richard G. / Cann, Arnie / Calhoun, Lawrence G. / Reeve, Charlie L.: Posttraumatic growth, meaning in life and life satisfaction in response to trauma. In: Psychological Trauma: Theory, Research, Practice and Policy. 2011. American Psychological Association. Advance online publication. Doi: 10.1037/a0024204.

Winnicott, Donald W. (1986, 1990): Der Anfang ist unsere Heimat. Zur gesellschaftlichen Entwicklung des Individuums. Aus dem Englischen von Irmela Köstlin. Klett-Cotta, Stuttgart.